U0119276

挖蟲草的女孩

邱仁輝 ◎著

目錄

第一篇 乍見彩虹

第二篇 彩虹下牧民

第三篇 消失的彩虹

第四篇 又見彩虹

第五篇 彩虹彼端

推薦序

當下即行、真情付出

亞都麗緻大飯店總裁

大約在十年前，當看到一篇某大報〈馬背上的醫生〉這個故事後，我深為感動，並主動打電話給當時被採訪的對象——王志宏先生，於是開始了我與志宏的友誼，也間接讓我認識這一群偉大醫師的故事。好一段時間，邱醫師等人訓練「馬背上的醫生」的故事，成為我經常在為醫學院學生演講時珍貴的範例。

邱醫師與《經典》雜誌王志宏總編輯游走於醫療缺乏的藏區，默默的自掏腰包改善藏胞的醫療條件，並主持中華藏友會「馬背上的醫生」醫療計畫（藏醫計畫專案），援助當地醫療單位，培訓村級醫師，獲得社會各界一波波的回響。期間亞都飯店也恭逢其盛，配合舉辦義賣晚宴，讓熱心與愛心轉化為實際的醫療援助行動。

懷擁著一顆醫者父母心，邱醫師身體力行的走入偏遠地區，經年累積的真情血汗，在西藏地區造就了三百多位鄉村醫生，一個個化身為馬背上的天使，在遼闊的青藏高原投入巡迴牧民帳篷的醫療照護工作。

回想台灣早年，家族裡若有人考上醫學系，大家都會感到無比的驕傲與光榮，甚至許多人心想：如果自己的女兒能嫁給准醫生，這輩子就可安穩無憂了。如今相較於科技金融產業的電子新貴及商業鉅子，醫生已不再是一個最會賺錢的行業，要面對生死交關的病人，還有焦慮的病人家屬，醫護人員必須擁有使命感及絕對的愛心與熱忱，整個醫療教育體系如果只是從賺錢、績效、醫學技巧等層面來考核，很難造就一個讓病人可以依靠仰賴的好醫生。

而來自台灣的邱醫師不但是藏族人民眼中的生命巨人，這些年來他和團隊在藏北的耕耘與義行，更是台灣以一個文明社會，所有計畫從事醫務這個神聖工作的年輕人所必須學習的態度。

一個人有形生命的長短不在我們的掌握範圍，而我們真正可以使用且對社會有真正貢獻的生命期，卻是相對短上許多。許多人常常有一種觀念，總覺得要有錢才有能力去付出，或要等到退休之後才有時間做公益來幫助人，其實像邱醫師這樣的當下即行，正為我們做了一個最佳的示範！

「馬背上的醫生」或許隨著中國大陸的經濟日漸富裕而成為歷史名詞，但邱醫師的真情與付出，卻將永遠深植於每一個受教的鄉村醫師，及更多直接、間接受惠的民眾心裡。

仁醫無敵

周陽山
監察委員

一九一〇年八月，一位出身美國西北大學和約翰・霍普金斯大學的教師耐特（Luther Knight）經日本到達上海，然後溯長江而上，在十月間抵達四川成都，任教於四川高等學堂，擔任數學、化學、地質、礦物學等教席工作。一九一一年底，因辛亥革命局勢動盪，他離四川而去上海，一九一二年九月再度返回成都繼續任教。第二年不幸因病在成都逝世，年僅三十四歲（一八七九至一九一三）。

耐特在華期間拍攝了大量照片，反映出川西的人文景觀與自然奇景，也充分凸顯出「蜀道難，難於上青天」的真實面貌。其中諸如康巴漢子的剽悍威武、嘉絨藏人的樸質祥和、「高原之舟」犛牛的吃苦耐勞，乃至川康茶道上的馬幫生涯，這些一幅幅百年前的歷史遺跡，真讓人嘆為觀止，深自讚佩。

正當我閱讀這本名為《華西印象》（二〇〇三）的圖文集之際，接到了邱仁輝醫師的邀約，有幸先睹《挖蟲草的女孩》這份書稿。我清楚的了解到從一九九六年到二〇〇八年為止，台灣的「中華藏友會」歷經艱辛苦厄，在川西甘孜州培訓基層醫療人員，以解決高原牧民「缺醫少藥」的困境。經過十餘年的努力，邱醫師和他的同道們已培訓了三百二十六名村級鄉村醫師，對維護青藏高原上牧民的健康和當地的醫療發展，厥功至偉。

透過邱醫師生動感人的筆觸，我們彷彿經歷了二郎山上的艱辛旅程，也親睹了毛啞壩上的「彩虹」和顏色內外圈正巧相反的「霓」，以及在祕境西藏中的點點滴滴。而藏醫巧妙的就地取材，運用當地野生的「旱獺」（又名雪豬子）來處理燙傷的作法，也讓資深的西醫佩服不已。誠如邱醫師所說，「正是由於這短短三分鐘的傳奇天啟（指七彩的草壩人間）」，讓他們走上了這條無私的奉獻之路，儘管歷盡煎熬，仍無怨無悔的為牧民的生命和福祉，默默的付出。

然而，有付出就有回報。在藏民的天籟聲中，邱醫師發現，當每一個念咒的喇嘛翻著貝葉經文，整齊劃一的鳴誦經文時，彷彿它已穿透人體而產生身心靈的極大共鳴。剎那之間，所有高山反應的頭重腳輕與呼吸不順等症狀，頓時已消失於無形。邱醫師乃在結尾中睿智的說到：「每個民族都自有他們與上天溝通的方式，上天給予藏族如此困難的生活環境之時，也賜與了他們美麗自癒的能力，藉著天籟產生平靜安穩的心境，怡然自得的活在漠漠大川、滾滾紅塵。」這不止是發自內心的感性頓悟，而且更是異文化對話中的智性昇華。

在艱辛困頓的旅程中，自身的靈明乍隱乍現。邱醫師透過一段與其先尊的對話，透露出他終究選擇做一位「人道醫師」而非「醫院院長」的心路歷程。最後，他違逆了父親的意旨，決定了「男孩子一生中總有一次的叛逆」；在一個隆冬的除夕夜裡，一個痛苦的父親，「不是沒有孩子繼承衣缽，而是將自己創下的基業……親手收起來。」

當想起這段話時，青藏高原的天氣在瞬息間又變幻了，豆大的雨滴打在臉上，邱醫師想起了父親在過去的叮嚀：「對病人要好，要親切，要等病人」；「病人會來找醫生，是一種緣分」。

正是這種緣分，成就了邱仁輝醫師與王志宏總編輯的「中華藏友會」，以及他們在雪域高原上的鄉村醫師培育計畫。一位位馬背上的醫師誕生了，他們不但延續著那裡的牧民文化，以及在牧民身後的海子、天籟、彩虹、霓和犛牛。而且他們還告訴我們一個不平凡的故事：在那遙遠的川西高原，一百年前，曾有美國教師的無私奉獻；而近一個世紀後，來自寶島台灣的醫療團體，正要為賡續牧民的生命尊嚴而繼續效命。

智慧與慈悲

彭芳谷
前台北榮民總醫院院長暨前陽明大學副校長

日前邱仁輝教授親自送來《挖蟲草的女孩》手稿，要我寫序。邱教授是民國七十年考進台北榮總外科任住院醫師，當時我為一般外科主任。由於沒有在同一組工作過，隨後我出任行政工作十餘年，更沒有機緣在一起，對他只有一個斯文小伙子的印象。後來曉得他表現優異，在陽明大學任教。

約三年前，在台北榮總大樓走廊邂逅，問他在忙什麼，他告訴我說在一個偶然機會下和朋友展開為藏民訓練「赤腳醫生」繼續教育的工作。我聽後心中極感震撼，是什麼力量的驅動和號召，使這位文質彬彬的醫師科學家，每年離鄉背井、風塵僕僕的去那遙遠貧困的地方全力奉獻？爾後和他的交談中可以感覺到，他由工作中所得到的歡心和滿足。

身為外科醫師，我有機會便告訴年輕後進，看會診先想能不能不手術將病人治好，手術不要求快，要仔細求結果好。病人將生命交託在我們手中，我們要對病人負責。書中提到病人生病是沒有假期的，台北榮總外科在週日假期早上醫師照樣查房，便是負責的表現，這和邱醫師尊大人「劍膽琴心」諭旨不謀而合。邱醫師幼承庭訊培育他的愛心，十多年來忍受高山反應，淒風苦雨下工作而甘之若飴。書中〈給我一個理由〉寫出身為一個醫師應有的抱負與態度，是不受種族或國界局限的。

隨著時代進步，兩岸間人民交流日趨頻繁，「馬背上醫生」的工作需要大量的人力和財力，更需要長遠的規畫和執行力。如何結合短時間濟助及長期的合作，亟需智慧與經驗的輔助。在這本書中，我們不僅看到漢族和藏族的交流與合作，逐漸疊積了兩岸人民的深情和默契，更感到那是仁心與智慧的融合。看著邱教授靜靜離去的背影，在白袍下，我看見一顆熾熱的愛心。

這是一本台灣醫師描述他和平凡牧民交往的故事，更是一本值得細讀的不凡之作。

每個人在心裡都有個蘭巴倫

張永賢
前中國醫藥大學副校長

很高興讀到國立陽明大學傳統醫學研究所邱仁輝教授所寫的青藏高原《挖蟲草的女孩》這本感人的書。

邱教授是外科醫師，他父親也是外科醫師，承繼他父親的期望，但不是在家鄉執刀開業，而是在青藏高原從事基層醫療。他作為外科醫師，擁有劍腹琴心、膽大心細，是位仁心仁術的一般外科主治醫師。他並且接受臨床醫學研究所博士訓練，獲醫學博士學位。有鑑於西醫對癌症治療的局限，他投入中西醫結合，並且探討中醫藥針灸的不同作用機轉，提出「溫灸療法」之獨到見解。作為博士醫師從事醫療服務，兼具研究及教學的任務。是醫者，也是師者。醫師者，涵蓋傳道、授道、解惑、醫療及研究。

自一九九六年起，邱教授每年前往四千公尺高的青藏高原，探尋吐蕃藏王松贊干布自東迎娶唐代文成公主，帶著中醫藥到祕境西藏；由西迎娶尼赤尊公主而得尼泊爾印度醫學的藏醫起源，發現藏醫《四部醫典》及唐卡醫學藝術當是很早的中西文化醫學結合。邱仁輝教授與台灣《大地》地理雜誌總編輯王志宏先生發起「馬背上醫師」的醫療計畫，沒有前往觀光客最多的拉薩，而是到醫療資源不足的藏區甘孜州南路提供醫療照護，播植基層醫療的種子。

通常前往西藏觀光，多為了一睹珠穆朗瑪峰（聖母峰）的世界屋脊和雄偉的布達拉宮。高山低氧症狀的影響，使得一般人只會去西藏一次，留下聖境回憶；但這青藏高原牧民醫療計畫，卻猶如身心靈中蠱，每年在心中挑起青藏高原的誘惑與呼喚。「了解它、敬畏它、融入它」，有如歐洲醫療學家史懷哲醫師走向非洲；天空出現紅橙黃綠藍靛紫的「彩虹」及「紫靛藍綠黃橙紅」的「霓」，像是長生天美麗景象的約定啟示。青藏高原的呼喚，得到的是村民獻上「哈達」，受到崇高的尊敬與最大的吉祥祝福，以至於邱教授每年都會前往青藏高原從事基層醫療工作。

西藏人居住在高原高寒地區，在極端艱困的自然條件下吃苦耐勞，不重現世，嚮往來世，性格豪放，能歌善舞。西藏民族生活在地廣人稀地區，有著堅定宗教信仰。邱教授等在十五年間，共培訓三百二十六名村級鄉村醫生，為牧民的健康及藏區「缺醫少藥」的情況，維護青藏高原上牧民的健康與促進當地的醫療發展。

書名採用書中的一篇〈挖蟲草的女孩〉，描寫一位藏族年輕女孩志瑪的故事，說出在海拔五千公尺以上的高山尋找冬蟲夏草，採收期在四、五月的春天，天上下著冰雹，地面上尚有未融的雪，在雪地上尋找稀世珍寶。本來要截肢的女孩，經過細心的治療保留手指及下肢，如今依然在廣大草原繼續尋找冬蟲夏草。

在失去的地平線，遙遠的高原「世外桃源」上執行「馬背上醫師」的醫療工作，心中有著史懷哲醫師的遺言「每個人的心裡都有個蘭巴倫」。「蘭巴倫」是史懷哲一生服務的非洲蘭巴倫醫院。台灣第一位外國傳道醫師英國馬雅各在台南建立醫館；加拿大馬偕在淡水建立滬尾偕醫館；彰化有蘭大衛建立彰化基督教醫院，在世上有需要醫療的地方，即有「馬背上醫師」！

做一件一輩子想起來會笑的事

王春宏
經典雜誌總編輯

證嚴法師說：「有願就有力！」用來解釋如何與一九九五年起一同執行青藏高原「馬背上的醫生」計畫的邱仁輝醫師之結識，是再恰當也不過了。

一九八九年踏上高原，當時年輕氣盛的我，有著初生之犢的勇氣與無知，認為自己總算找到了一個可以揮灑的主題，可以長時間觀察與記錄。於是辭了工作，花了很長時間在當地遨遊。當然，在高原上的長途旅行跋涉並不是一件輕鬆的事，接下來的四年間，我幾乎深入了整個高原的大半。執著的記錄、拍照與書寫。是時，逐漸的醒悟到，那片簡單神奇的土地，竟然教會了我許多道理。我逐漸懂得什麼是謙卑與寬容。而隨著時間的流逝，竟然愈加的惴惴不安起來！我似乎是從那塊土地上恣意的拿取，從攝影、從文字，更遑論在自己的知識與心靈都獲益良多。於是我思索著，總得回饋些什麼！

一九九三年，原本是一次數個月之久的大旅行，因車輛後勤問題導致行程延宕，於是轉往朋友組織的四川大涼山台灣攝影團打發時間，也因此巧遇了邱醫師。當時看他混在一群五湖四海的攝影朋友中，在眾人的吆喝聲中，靦覥的參與人生的第一次賭博，結果是，在拍照行程的第一天晚上，他就把所有將用來拍照的底片輸光。當然，在他戲稱是人生的第一場豪賭中，也讓他在未來與青藏高原結下了無止境的緣分。

我的活佛朋友曾如此說過：「當外面的世界像火箭般的速度進步時，只有我們藏族的牧民一直在原地踏步！」為了應付長期的旅行，我總是隨身帶著一些個人藥品，雖然自己使用的機會非常少，然而每趟旅行之後都需重新添購，原因無他，都送給一些初探訪的帳篷中的陌生男女老少了。多年在高原觀察的結果，發現游牧的牧民在醫療上都是化外的一群，除了看病非常昂貴外，也很少有醫生能巡診到他們放牧的草場上。這個現實令我產生了能否遂行一項計畫，至少能改善當地普遍性缺醫、少藥窘況的想法。

因著在窮鄉僻壤旅店裡一場有趣的撲克遊戲而結識了邱醫生，並知曉他對青藏高原的艱險並不排斥，於是原本隱藏於腦海中的想法也逐漸鮮明起來；同時他對以專業幫助藏人一事，也顯示出了高度興趣。

不知是否上天有意要考驗我的毅力，從打定要與邱醫師執行醫療計畫開始，以往上高原從未生病的我，在帶著他一起上山後，總是大小病不斷，不是嚴重的腹瀉，就是感冒而成了菌血症，好幾次病奄奄的休息了整整數日，總是多虧他的照顧。我一直懷疑是老天藉由我的身體來考驗邱醫師的醫技！

如果說所謂君子之交淡若水，那我倆的交情先前幾年也真是如此。往往一年僅通幾次電話，再碰面時就是在桃園機場。而我們也有相當默契，計畫中有關醫療的部分由他負責，其餘拉拉雜雜從財務、後勤到交通，都由我來想法子搞定。說來也有趣，這件事情從開始到現在，僅是兩個男人間的簡單口頭約定。反正夏天一到，就排出時間上山，反正行程鐵定艱辛，而他也是無怨無悔的相信我。

於是，在計畫的初期，不顧交通上的艱難，以及為了與當地官員搏感情，忍著頭痛欲裂的高山反應，與他們大口大口的乾著白酒；為著一探培訓出來的醫生，或是騎馬，或是步行，在海拔四千五百公尺的山陵上，在大雨傾盆下狼狽的連夜趕路……。如果說與邱醫生有著生死與共的交情，我想他肯定會點頭同意吧。

就如同我被高原同化了，我想邱醫師也是吧，他偶爾會說每趟出來都很辛苦，但每年時間一到，又隔外的思念高原上的一切。於是，原本僅告訴他這是一個三年計畫，就順勢的延後到五年，然後到十年、十五年……

當地活佛朋友看我們忙進忙出時意有所指的說：「你們在做一件一輩子想起來會笑的事！」這個計畫如被庇祐般的已經默默進行了十五年，我們在四川的甘孜藏區直接與間接的訓練了三百二十六位的「馬背上的醫生」，他們服務的面積有六個台灣大。而今年起，我們將計畫移到了更高更遠的青海玉樹州。

回想起當初邱醫師的那場豪賭，竟然答應一個認識不深且一無所有的小伙子的提議，投入一個遙遠又艱辛的計畫。但一步一步走來，踩踏過多少的不順，撫慰過多少的不平。如果說，我們的付出大於我們的收穫，我想我倆都會堅決的搖頭。

實際上，現在看來他那場豪賭才是大贏。

感謝你，邱醫師，一路有你相伴！

佩服與尊重，感恩及省思

寶格麗台灣區總經理

認識邱醫師三十三年了，一開始只知道他是我班上同學的朋友，當時是位就讀高雄醫學院的高材生，一有假期就熱中爬山露營的健康男孩。大家離開學校踏入社會後，陸續聽到了邱醫師的種種成就，不僅是陽明醫學院的第一屆臨床醫學博士，也是位專業的外科主治醫師。儘管如此，他不僅身兼醫學研究所的教授帶領著研究生，自己又繼續投入中國傳統醫藥學的研究等等，然而他對於攝影、旅遊、爬山和打網球的休閒活動仍是一樣不少，我非常好奇這個人怎麼有那麼多時間，而且每樣都表現得極為傑出。

近十年前，聽到邱醫師又有一個新的計畫，參與青藏高原的醫療計畫，每年去教當地的藏胞如何對治當地特有的疾病。只因為對邱醫師擁有無比的信任，我在尚未充分了解整個醫療計畫之下就與此結緣了近十載。之後也慢慢理解了邱醫師所謂「馬背上醫生」基層醫療計畫的內容。相對於一般給醫包的方式，邱醫師認為並不能幫助到藏胞真正的醫療需求，他懷抱的是一種「與其教人如何吃魚，不如教他如何釣魚。」的偉大理想，他認為只有去教藏胞們如何自力救濟才是根本的解決之道。

記得多年前，曾聽過一位年輕的藏族醫生提及一個小故事：在參與並跟隨邱醫師這個醫療計畫的過程中，有天半夜，這位年輕醫生被急促的敲門聲吵醒，開門後只見一位年輕的藏胞神情緊張卻又精神疲憊的前來求助，原因是他的父親從屋頂上跌落受傷，急需醫生前往救治。當時這位年輕醫生趕忙陪他回去，卻發現這年輕藏胞的家竟然在必須要騎馬兩天的路程才能到達的遙遠牧區！

兩天之後，當年輕醫生完成他的救治工作後，又必須再騎馬兩天才得以回到衛生所，雖然醫療費用僅是十元人民幣，卻因藏胞貧苦而必須掛帳。這個故事凸顯了當地的幅員遼闊以及物資匱乏，是當地藏胞深沉的苦楚與醫護人員心中的無奈，許多藏胞的健康與生命在無助的角落裡如何命懸一夕，等待醫療救援的不知還有多少！

仔細的看了邱醫師傳來的楔子以後，更清楚的理解他多年來的心路歷程，這些不但加深了我對邱醫師的充分信任、佩服和尊重之外，更讓我多了一份對生命的感恩，也讓我對人生有更進一步與深層的省思。

楔子

小時候父親叮嚀：「不可以玩火，因為火災會造成家破人亡；不可以賭博，因為會傾家蕩產。」長大後，我也一直沒玩火，可是唯一的一次賭博是在中國大陸的四川，那次不只輸得很慘，也賭上了這十幾年的精華歲月。

自從聽了父親的話：「你以後要當外科醫生。」後來就真的考上醫學院，當上公家機關的外科醫生。那時候出國還需要出入境證，第一次出國是到英國倫敦開醫學會，當時幸運的榮獲傑出論文的榮譽，還要上台做十分鐘的簡報。一生中第一次的英文報告竟然是在國外！據同行的伙伴說，會中我的臉色慘白到不成人樣！

終於有一次是真正的出國觀光，就是到西藏拉薩，之後就喜歡到西藏地區旅遊。第一次的賭博發生在一九九四年的四川涼山，當時我跟隨台灣知名攝影家鄭桑溪和林添福所帶領的攝影團到涼山彝族拍照，因為地處荒郊野外，天一黑就什麼都看不到。

好不容易找到裡頭空無一物的招待所安頓下來。正巧當天一團野外探險的營隊，其中有香港名探險家黃效文和台灣大地地理雜誌的特約攝影家王志宏，他們也是十幾年後重新定位長江源頭的重要團隊。夜裡大伙沒事，就聊天打撲克。為了提高緊張氣氛，大家決定用專業攝影的底片當籌碼；而我因為是「滷肉腳」，所以不到兩個小時就輸光了帶去的所有底片⋯⋯

高山上的夜暗黑得有點高貴，繁星覆蓋的蒼穹有著無限遐想的空間與浪漫。

「邱醫生，你是醫生，有沒有興趣去藏族地區做些計畫？」第一次見面，卻很大方的退還我所有底片的王志宏說著。

「藏區？到拉薩嗎？什麼計畫？」我一方面想著他是什麼意思，一方面盤算著台北手術的排程與年休的可能性。

「不是拉薩，有興趣的話，我們跑一趟四川甘孜州，看看哪裡可以做。」

大概是懷著還債的心情，一九九五年夏天，我們踏上「馬背上醫生」基層醫療計畫的探路行程。

「你怎麼會想來幫助藏人？怎麼不捐款給紅十字會就好？」車上我很好奇的問王志宏。他說他跑青藏高原這些年來，拍了許多照片，覺得他們的醫療環境很不好，經常有病無法醫治而死亡，所以想幫助他們。可是捐給紅十字會，好像達不到自己原先想要的目標。

「我想我們讓每個牧民配備個藥包，這樣就可以幫他們治病。」王志宏說。

「如果不知道當地有什麼疾病，我也不知道要給什麼藥。而且藥包一發下去，大概一下子很快就分光了吧，很危險的。我們明年來做個田野調查，看看牧民的常見疾病與就醫情況。」面對一無所知的狀況，只能拿出博士班「發掘問題，解決問題」的研究態度。

一開始，王志宏自台灣蓮門學會募到十萬人民幣，加上在四川當地有力人士羅勇的大力協助下，醫療計畫自一九九六年開始執行到二〇〇八年，這十幾年一路走來，千辛萬苦的募款，戰戰兢兢的執行計畫，雖然有風風雨雨的傳聞，卻也不礙大伙們的努力工作。在許多善心人士的參與下，「馬背上醫生」醫療計畫投入約兩千萬台幣的經費，培訓了三百多位鄉村醫生，為甘孜州南路六縣，含括了雅礱江以西，金沙江以東，約台灣六倍大的廣大牧民，提供了重要的醫療照護。

「嗯嗯，不用客氣，那是應該的，你們做的是好事，老鄉需要做的事情很多，我們做不來，你們來是替我們幫助他們。理塘縣還有很多地方沒有鄉村醫生，希望你們繼續下去。」

説話的人以前是曲批副縣長，現在則被稱為「曲批」活佛。他一方面讓人去拿哈達，一方面繼續説著：「有了村醫，老鄉們有病都會去看他們，醫療情況改善很多，他們都很謝謝你們。你們現在做的事，以後想起來都會笑……」説完之後，就為我們獻上哈達，祝福我們在高原上一切順利。

這是發生在美麗青藏高原，卻必須與大自然艱苦奮鬥的藏族牧民故事。

「馬背上醫生」醫療計畫的執行地點在康區甘孜藏族自治州的理塘縣。可由成都經川藏南線，或由昆明經滇藏公路進入理塘縣。每年到康區甘孜州各縣去訪視鄉村醫生，進出的旅程與幅員大多兩、三倍於成都到理塘的直線距離。

阿壩
努日▲
色達
壤塘
▲苟拉
阿壩藏羌族
馬爾康
雀兒山▲
甘孜
江達
妥壩
昌都
岡嘎▲
爐霍
金川
白玉
貢覺
察雅
新龍
扎宗寺
道孚
四姑娘
丹巴
小金
西藏自治區
甘孜藏族自治州
（主要活動範圍）
巴塘
理塘
雅江
康定
芒康
奔戈
瀘定
雅安
二郎山
榮經
濯桑
貢嘎山▲
四
石棉
鄉城
稻城
九龍
得榮
德欽
越西
冕寧
貢山獨龍族
怒族自治縣
喜德
中甸
木里藏族自治縣
西昌市
迪慶藏族自治州
布拖
寧蒗彝族自治縣
鹽源
德昌
普格
維西傈僳族
自治縣
麗江納西自治縣
鹽邊
寧南
永勝
米易
緬甸
鶴慶
會理
會東
蘭坪白族普米族
自治縣
攀枝花市
洱源
雲龍
洱海
往昆明市↓
雲
南
金沙江
瀾滄江
怒江
雅礱江
鮮水河
理塘河
大金川
小金川
大渡河
扎曲
解曲
玉曲
沙魯里山
大雪山
折多山
綿綿山
橫斷山
高黎貢山
怒山

乍見彩虹

初見小鈴鐺的時候
青藏高原的晚霞　絢麗
搖籃裡的卓瑪
隨著馬兒步伐
叮鐺叮噹響著　清脆

再見小鈴鐺的時候
是風　是雨　是冰雹
一條漫漫培訓之路
展向夜裡無根的草壩
十月枯黃的壩子　初雪

六月豐沛的雨水　嫩綠
暴雨過後的晴空
晴空中有著兩道七彩的霓虹
以那美麗無瑕的弧度
拋向曲登下人畜相依的生命
他們是
千百年來未曾改變
彩虹下的牧民

二郎山的夢魘

「蜀道之難，難於上青天。」這句李白千古絕唱的〈蜀道難〉，道盡了川陝古棧道的險峻與危險。雖然路線不同，可是由成都進入到藏人地區的理塘縣，卻有相同的辛酸與感受，而這一路下來，倏忽竟走了十多年。

「咚」的一聲，飛機的機輪碰到地面上，發出極大的聲響。睜開眼睛，發現迷濛的艙外掛著一輪有著日暈的太陽，夾雜著一出機門就迎面撲來的溼熱空氣，還沒走到入關的地方，就已經皮膚泛潮，黏黏的很不舒服。可是比起海關對同行的攝影家，也是《在龍背上》的作者王志宏的高度關切，這一點不適，已經是小巫見大巫。

或許是因他的特殊職業（記者）而早已被列入黑名單的關係，這些年來他每次進入大陸，都必須折騰個半天才有機會放行。聽他比手畫腳的說了半天，海關總算在他的證件上蓋了章。領了行李出關，來接我們的藏族司機師傅鄧珠已經等在那裡。

七月的成都，四下霧茫茫的，只看到一輪明日掛在成都蒸籠頂上，外頭還不時看到打赤膊、穿短褲的行人，穿梭在路邊擺著方城之戰的眾人之間。那時候才真的了解到「蜀犬吠日」的緣由，竟是如此的真實。

「王大哥，這些日子下暴雨，昨天二郎山坍方，路爛了，走不了。」鄧珠苦笑著。

「沒關係，繞道石棉再到瀘定，要不然單進雙出，我們明天還是走不了。」王志宏頭也不回的說著，好像早就猜到有這種結果。

自從一九九五年答應加入「馬背上醫生」基層醫療計畫之後，每年都只在機場見面時才開始討論當年度預定的計畫及行程。主要原因是在台北大家都很忙。一到成都，唯一的目標就是盡快進入康定，好像到了康定就能到達計畫執行基地——理塘縣似的。但是，連這個唯一目標卻也不是每年都能順利達成，單進雙出的二郎山和悶熱潮濕的成都氣候，幾乎都是我們經川藏線進入理塘縣城的可怕夢魘。

由四川進入到西藏地區最近的一條路線，就是直接跨越兩川夾一山、兩山夾一川的橫斷山脈，翻過二郎山，越過大渡河、雅礱江，經金沙江到西藏地區的「川藏公路」。自清康熙年間瀘定橋建成之後，這條進藏路線，就是清朝雍正時期年羹堯出兵青藏，乾隆時期討伐廓爾喀人，平定大小金川之戰略古道，也是往後駐藏大臣進入西藏的必經之路。

在一九九七年禁伐之前，這條路線是運送高原木材的主要幹道，經常一路上都是裝載了滿滿大木材的舊型卡車，沿著二郎山路吃力的行駛著，一遇有爬不上或拋錨的情況，大概就只能等到車子修好或是被拖走了。

由於山勢陡峭，路面狹窄，為了讓行車順暢，所以當局就有「單進雙出」的規定。也就是說，每個月的單號只能由成都進康定，雙號則由康定出成都。如果遇上豪雨坍方無法通行時，一等就要等上兩天才能進出二郎山。所以只要知道山上的路是通的，幾乎所有的車子都會往上衝。

由於山勢崎嶇不易開快車，再加上幾乎都是運木材的大卡車，一條車龍蜿蜒在「之」字型的山路上往往可達數公里，甚至還能從這山望見那山連綿的車陣，令人一點都提不起勁。可是這種情況對當地的司機師傅而言似乎司空見慣，一看到前面車子卡住不動，就馬上關掉引擎，開了車門到路旁解手、抽菸什麼的，彷佛塞車是他們生活中的一部分，不用太大驚小怪！

有一年在雙日到達成都的時候，由於時間尚早，司機師傅就說要直接開到二郎山的入山口——小鎮新溝。等車子快開到新溝時，路邊已經排了幾十輛停好沒發動的大卡車，而且師傅都不在車上。

「師傅，怎麼啦？今天也過不去呀，幹嘛住這裡呢？」看著旁邊幾個好像師傅裝扮的人站在破舊不堪、二樓窗戶還沒有玻璃的小店旁，陳舊的黃色店門口上用紅字寫著「住宿」。

「今晚就住這啦！明兒個早路一放行，就直接翻過二郎山到瀘定囉。」師傅一邊若無其事的指著那斗大的「住宿」，一邊幫著我們卸下行李。那天晚上，懵懵中一直還想著二樓的窗戶是破的……

「單進雙出」的立意雖好，可是如果已經排好行程，卻遇上豪雨坍方而無法通行，一等就要等兩天才能進出時，這對於在台北習慣將時間安排緊湊的我們而言，是非常不耐的事，經常會擔心萬一延後行程會影響回台北的時間，也擔心趕不上回台北之後的門診事務。

青藏高原的夏天是雨季，因此一旦碰上下暴雨，二郎山坍方無法通過的情

況，我們幾乎一定繞道雲南，經石棉沿大渡河谷進入瀘定到康定。一般來說，到目的地理塘幾乎要多花一兩天的時間。這段時間如果塞在夏天有如蒸籠的成都附近鄉鎮，那可真是「叫天天不應，叫地地不靈」！

有一年在剛出成都不到幾十公里的樂山，新的越野吉普車就掛點。司機師傅說「沒事，沒事。」結果一直修到午夜都還沒弄好，只好睡在車上，直到早晨才攔了一輛雙層公車，一路搖晃到雅安，下車的時候還上吐下瀉，暈到不行。試想在炎炎夏日的公車上，斷斷續續的塞車路況，車子卡在前不著村後不著店的荒郊野外，四下都是光禿禿的山坡，上有正午的烈日，下有熱到軟化的柏油，路旁的樹枝和葉子幾乎都靜止不動，只有黑色的路面散發出海市蜃樓般的熱氣波紋，飄盪在宛若人間煉獄的旱地蒸籠。

如果僥倖能夠逃過單進雙出的魔咒，那麼進入目的地的危險才剛剛開始呢。有時候，暴雨過後的烈日讓土質乾裂崩脫，往往在只容一部車寬的路面坍下半個路面的地基，使我們進退兩難。有一年，望著前面一長排的車龍，司機師傅將車子停下到前面探個究竟，原來是山坡地坍方，地基被豪雨掏空了一半，過不去。

「哇，不能走了，要在這裡等多久呢？」雖然心裡知道可能要等上好幾個鐘頭，但仍難掩心中的失望。

「不知道耶，聽說要炸山將路面空出來。」司機師傅說著，若無其事的點燃了菸。

這種情況在成都到康定之間，二郎山隧道還沒開通之前，幾乎上山進行計畫的時候都會碰上好幾次。無法預測的氣候加上無法控制的路況，導致無法照表操課的行程，在在都磨練著來自時間緊迫、高度規畫的台北都市土包子。不過雙子座的人畢竟還是很會適應，久而久之，只要一出台灣國門，我就死心的不再看日程表了，因為未來的日子都是無法預測的。除此之外，我也會利用短則數十分鐘，長則數個鐘頭甚至數天卡在當地無法動彈的時間，將台灣帶去有關超音波判讀的厚重原文書都看得滾瓜爛熟。

除此之外，在進入理塘的途中有個靠近康定折多山的埡口，居高臨下，經常雲霧繚繞。埡口上有個由五色經幡連結著路面的兩端，是祈福的象徵。在冬天的時候，因為路上結冰容易打滑出事，許多卡車司機在埡口頂端下坡的時候，會向天空灑下一把把的冥紙，祈求行車平安。一張張冥紙飄落在晶瑩剔透的雪

地上，加上路旁寫著「川藏三千里，願君平安歸」的牌子，著實讓司機師傅有平安放心的感覺。

「單進」雖然極度危險，「雙出」也不見得輕鬆。青藏高原的氣候非常詭異，尤其在夏季，暴雨造成各大河川挾帶著大量的土石流，造成很大的傷亡。

有一年剛下豪雨，大家不以為意。後來雨勢愈來愈大，各縣鄉村都傳來坍方的消息，大伙決定及早出發回成都。一早由理塘縣城出發，滂沱大雨下得大家有點擔心。過了理塘，聽說下個縣路已經封了，於是趕快繞道鄰縣。走在廣大昏暗的無人山區裡，還真的很不安。

剛繞過之前坍方的地段，對面來車的司機又說前面路已經垮了一半。雨勢更大，天色更黑，大伙顧不得還沒吃晚飯，就搶著通過旁邊是百米高大江大水的泥濘道路。這時候距離從理塘出發，已經開了十幾個鐘頭，車上的藏族司機，口中呢喃著六字箴言「唵嘛呢叭咪吽」，偶爾從照後鏡看到司機的眼睛，瞇瞇的好像睡著了。為了怕他過度勞累、體力不支，我們接手繼續開著，在暴雨傾盆的公路上，雨刷「唰」「唰」「唰」的快速掃著擋風玻璃，路面因大雨夾雜著頭前燈的反光，眼前一片白茫茫的，看不到終點。

好不容易到了成都，我們整整「逃」了二十多個小時，這輩子從來沒有這麼狼狽的逃過幾百公里。後來陸續傳來的，都是我們剛過了之後，路就坍方不能走了的消息。

不知是有緣還是無緣，這七、八年來真正有幸直接翻過二郎山的次數不超過三次，「單進雙出」和「旱地蒸籠」這兩項穿越二郎山的夢魘，終於因為二郎山隧道和從成都到雅安高速公路的開通而終告結束。可是，接下來很快就會因為從成都盆地上到海拔四千公尺的高山而產生劇烈的高山反應，又成為「馬背上醫生」醫療計畫揮之不去的終極夢魘。

上山儀式

記得以前學生時代上課的時候，並沒有上到有關於高原上身體反應的章節，可是知道在高山上如果有頭痛、呼吸困難的症狀，就要趕快下山。大學時代隨著登山隊登玉山，住在排雲山莊準備攻頂的夜晚，就覺得昏沉沉的，睡不著，還有點呼吸不順的感覺。後來下山之後才聽說睡在通鋪從左邊算來第三個鋪子的人都會有這種現象，說是「阿飄」或是有什麼東西所引起的。因為沒有再登過玉山，也無從證實。

一直到進行這個醫療計畫的前幾年，看到陳若曦女士在《青藏高原的誘惑》中描述她晚上頭痛欲裂，也睡不著；找了個藏醫拿了一帖藥，可是吃了沒用。隔天問了那藏醫，結果藏醫還怪她吃藥之前沒有念經呢！那時候只覺得以後到西藏要特別小心，卻沒有深刻的經驗與對策。

一九九二年第一次進入中國大陸，直接由成都搭飛機飛拉薩。懷著擔心高山反應忐忑的心情走出艙門，結果竟出乎意料的「空氣清新、風光明媚」，所有擔心一掃而空。當天下午同行的人還不肯休息，直接去逛大昭寺附近的八角街，回到旅館房間還有說有笑的，甚至還有人笑得很大聲說：「根本沒事。」

終於在晚餐的時候，青藏高原開始對輕蔑它的人展開無情的報復。很多團友

沒有下來吃飯，來的人也是有氣無力的，甚至還有的人一站起來就吐在餐桌旁的地上，無法進食。領隊很緊張的問著：「邱醫師，他怎麼了？是不是高山症？」其實我自己的頭也很痛很脹，吃不下東西，只好勉強跟他說那是高山反應，還沒到有併發症的情況。

高山反應，其實是一種人類面對高原上缺氧情況的正常自主神經反應，當這種反應超過身體自然適應的範圍而引起極度的不舒服時，就叫作高山症。一般來說，在海拔四千公尺以上，空氣中的氧氣分壓約為平地的百分之六十。因此人體血液、組織皆呈缺氧狀態，可由嘴唇、指甲床、指尖呈藍紫色得知。體內則必須以加快心跳、擴張血管等交感神經亢奮反射，來代償這種缺氧狀態，因而有心悸、頭脹、頭痛、失眠、噁心等症狀。也正因為氣壓低，體內水分蒸發快，造成血管內缺乏有效容積，許多水分也滲積在組織間質內，造成腦部水腫，嚴重者會有頭痛欲裂的感覺。

其實在高山反應中，真正致命的是「高山肺水腫」和「高山腦水腫」這種急性的水腫會導致身體因心肺功能衰竭而死亡。至於高山反應如何治療？答案是：無法治療。唯一能救急的措施就是馬上吸入氧氣，盡速離開高原，解決缺氧問題。

當天夜裡，那位團友就被送去拉薩的醫院吸氧氣。「那時候頭痛得厲害，好像快炸開的感覺，真不知道自己會不會活過明天……」那位朋友回憶著：「……吸入氧氣後，由頭頂中央慢慢舒坦，向後腦開去，循著背後脊椎督脈緩緩而下，直至通體舒暢。至此才覺得自己還可以走完全程。」後來的行程，車子裡多了很多枕頭大的氧氣袋，說是擔心出事備用的。當時一袋氧氣雖只要一美金，問題是只能吸三分鐘就耗盡了，所以也是得珍惜著點用！

就這樣進出青藏高原四、五趟之後，每次由康定上到理塘縣城的當天夜晚，總是頭昏眼花、呼吸急促，隨著太陽穴脈搏跳動的頭痛，總是在每一次翻身的時候加劇。空氣是乾的、不夠的，腦袋是重的、昏沉的，一點點來自廁所的光線，總是睡不著的藉口。

隔床室友是個探險老手，去過世界各地也到過南極。可是看他紫得發黑的嘴唇，在床上翻來覆去，急促的呼吸夾雜著「呼嚕呼嚕」的痰音。我老是覺得他快不行了，甚至還過去用手指探探他是否還有呼吸。確定他是活著的，才撐著疲憊的身子躺回床上，用濕濕的毛巾蓋在鼻子的出口，心裡暗下決定：「幹嘛來這裡受罪呢，明年我再也不來了！」

或許青藏高原在你初臨乍到的時候，早已下了西藏特有的「蠱」，這「蠱」在隔年四、五月的時候，自動在心中挑起那來自青藏高原的誘惑與呼喚，讓你在醫療計畫開始的時候，再度投入它無盡的折磨與無情的歷練。然而多年的相處，那些輕蔑青藏高原的人不會再上來，取而代之的，是了解它、敬畏它、融入它的人。也可以說，是青藏高原教會我們如何在它的懷抱中，執行「馬背上醫生」的醫療計畫。

一如宗教儀式，後來每次上山之前的準備和上山的過程中，都必須行禮如儀，才能夠比較平安的回到平地。一般而言，一到了康定的隔天，就要準備上高原。當天晚上幾乎都會覺得後腦杓脹脹的，就是頭「有點不開」的感覺。幾年下來，只覺得「入境隨俗」是一個最能緩解高山反應的策略。稀飯包子加上酥油茶，是出發到理塘的必備早餐，一來補充水分，二來補充能量。

「出發囉！」司機師傅將行李廂的門重重的關上鎖緊，吆喝我們上車準備上山。穿上剛剛在招待所將牛軋糖和巧克力裝得滿口袋的登山羽絨外衣，將已經分裝好治頭痛的藥塞在隨手可取得的地方，知道再過幾個鐘頭就會需要。車子一路上坡，翻過折多山之後，往下就遠遠看到新都橋鎮許多黑色帳篷，稀疏的散布在平坦的高原上。這段到雅礱江河谷的小鎮「雅江」沿途，都是富饒藏族

的農村景色，也是剛上山時最舒服的路程。

「來一盤松茸炒肉絲，一盤包穀炒青椒，加上滷犛牛肉。」在溫度接近攝氏二十六、七度的雅江吃中餐，還必須脫下厚重的防寒衣呢。而這些都是每年上山來到這裡必點的菜色。松茸是這裡特產的蕈類，也是近年來供應日本食客的重要經濟作物；而包穀就是玉米，是當地人的主食。

「這松茸是日本人用來煮湯，很貴很貴的那種松茸嗎？」同行的伙伴們好奇的問著。

「嗯，日本人會來這裡收購縣上所有的松茸，採到之後當天議過價，馬上裝進有冰凍設備、看起來就像宅急便的大型廂型車，直奔成都雙流機場，通關後送達日本。今年的菌子比較多，價錢比較不好。」藏族司機師傅一邊說一邊指著門外靠路口的白色車子。

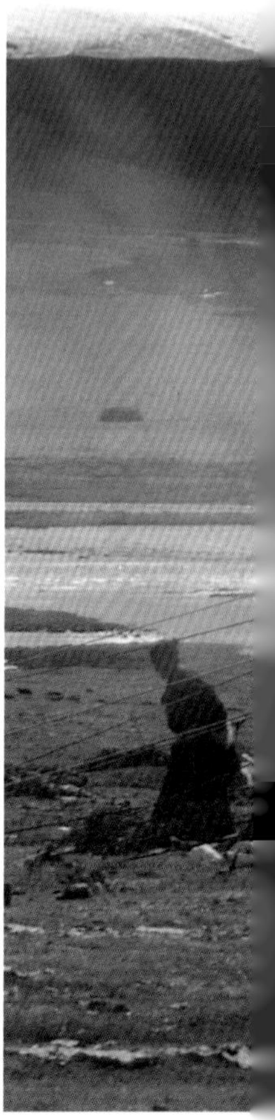

當地人都稱松茸為菌子，每年五、六月時，很多人都會放下手邊工作到林子比較密的地方採摘。三、四月挖蟲草（冬蟲夏草），五、六月採菌子（松茸），都是他們的主要副業，採收的所得，經常會高於薪水的數十倍。

等菜上來之後，很快的夾起一片松茸嘗嘗看，味道有點像香菇，一點點的微甜，可惜當地人炒得太油，吃不出香味。不過相信以日本這麼講究食材的民族來料理這味蕈類，一定會包裝得很奢華。聽說他們料理是用一小片松茸熬成湯，旁邊加上一小朵葉子，鋪排得像懷石料理一樣的精緻。

「只不過是一片很像磨菇的蕈類吧，沒什麼特別呀！這裡還拿一大把來炒肉絲呢。」心裡一邊咕噥著，一邊還嫌太鹹了。

「要啤酒嗎？」有人拿著一瓶不冰的啤酒問著。

「不了，謝謝。」前兩、三年因為在這裡喝了啤酒上山，結果頭痛得比沒喝那年更嚴重。之後就很小心的知道在雅江這裡要多吃犛牛肉和玉米，才能應付下午接踵而來的高原反應。

說到上高原要吃犛牛肉或是肉類，那可真是千真萬確，至少對不是素食的我是如此。有一年，我們從昆明經麗江要上到理塘，同行的團友大多是素食者。麗江大約海拔二千四百公尺，理論上應該不會造成高山反應。可是跟著她們吃了兩頓的全餐素食，漸漸覺得身上脹脹、頭也重重的有點不舒服。

剛開始還不在意，想說撐過就好。可是到了傍晚又是全素餐的時候，低頭看到雙手十個指頭都鼓鼓脹脹，好像肥短身材的小人正盯著我看！嚇得趕快跟餐廳點了一隻全雞，囫圇吞了下去，還跟他們說：「不好意思，我是吃葷的。」

如何面對高山反應？

誠如上述，高山反應是一種正常的人體反應，沒有很好的治療方法。但是有些方法可使適應的時間縮短或症狀減輕。

(1)遵循行動緩慢原則：在高原上旅行或行動時必須緩慢，尤其是上樓、搬運東西不可過速，以減少心肺對缺氧的過度反應。

(2)多增加飲水、高糖分之飲食，以補充體內有效液體容積及能量；顏面及嘴唇以護膚液保持水分不致過分蒸發。

(3)症狀性療法：如服用頭痛藥、止吐藥、安眠藥……等。

(4)特殊藥物：紅景天是有名的藏藥，在當地有人用來預防高山反應。但是其效用如何，並無科學性的驗證。

(5)Diamox：acetazolamide（diamox），是有利尿作用的降眼壓藥物，必須至少在到達高原前廿四小時開始服用，有預防及減輕高山反應的作用，但有手腳輕微麻感的副作用，於停藥後會自然消失。一般每八至十二小時服食半粒。

(6)入境隨俗：最有效的方法就是入境隨俗，和藏族一樣喝酥油茶、青稞酒或白酒。根據幾次經驗，發現酥油茶一方面提供水分，一方面提供油質滋潤嘴唇，有補充水分能量及阻止蒸發的功用。青稞酒配少量白酒，有放鬆肌肉、提供能量的效果。而且藏族朋友有加茶添酒的習慣，強迫之餘，的確再縮短了高山反應的適應時間。有一點必須強調，喝酒過量會造成反效果，再加上頭痛所服用的止痛藥物，有造成藥物性肝病變之虞，不可不慎。

吸氧只是治標的方法，通常由低海拔到高海拔地方，唯一治本之道是慢慢讓體內自然的適應（約需要五至十天）。像搭青藏鐵路時車廂內的壓力調控裝置，雖然對當時的低氧狀態有改善作用，可是當列車到達拉薩時，就像由成都搭飛機到拉薩一樣，其高山反應的嚴重程度，比由低海拔到高海拔地方慢慢適應來得厲害。一般而言，到達的當天晚上至往後的一、兩天，是反應最強烈的時候。

海拔高度與大氣壓力之關係：

海拔（公尺）	大氣壓（Kpa）
0	101.2
1000	90.7
2000	80.0
3000	70.7
4000	61.3
5000	53.9
6000	47.2
7000	41.3

*一般而言，每上升一千公尺，大氣壓力則下降百分之十。

說也奇怪，隔天早上手指的腫脹全都消退了，人也變得輕鬆，我才能放心的出發到海拔更高的理塘。發生這個現象的還不止我一個人，另外一位同行女性，她臉上水腫的程度幾乎跟當時的高度成正比，在山上臉脹唇腫的，一下到低海拔時，就完全恢復正常，可說是很準的高度計！

過了雅江，就開始一路攀爬忽高忽低的高原地形。頭昏加上頭痛，不知道是暈車還是高山反應，只知道要趕快從口袋裡拿出巧克力和牛軋糖，隔一段時間就塞進口中補充能量。每次一吃完就覺得眼睛發亮，很有精神，可是不到半個鐘頭又昏昏欲睡。車子繞到理塘前最後一個彎道的時候，許多衛生局的人已經在那裡久候多時了。車子一停下來，那些路上不吃零食，幾天以來持續吃素的團友，還來不及打聲招呼，就跑到車後對著路邊的矮樹吐了起來……

若說什麼是進行「馬背上醫生」醫療計畫最辛苦的事情，適應高山反應絕對是名列前三名。與其說克服高山反應，倒不如說是適應它比較合適，那種感覺很像是「不要想征服高山，應該去融入登高山的過程」。就算當地藏族下到平地一陣子，再上去也會有高原反應。減緩在高原上的步伐，入境隨俗的飲食，了解自己的情況，隨時注意高原所帶給我們的訊息等各種上山儀式，永遠是面對青藏高原最好的態度。

乍見彩虹

如果看到天空中出現「紅橙黃綠藍靛紫」的彩虹，您可能會認為「今天運氣真不錯！」可是如果看到天空中除了「虹」之外，還有「紫靛藍綠黃橙紅」的「霓」出現的話，那麼，這一定是長生天要給你什麼啟示了。

一般而言，從台北出發到西藏地區通常有幾條路線：

其一，由台北搭飛機到中國大陸的城市再飛到拉薩。這條路線最快，可是由於從平地到海拔四千公尺以上的時間很短，因此高山反應也特別厲害。

其二，由成都搭越野吉普車經雅安到康定，過大渡河、雅礱江，翻過康定附近的折多山和理塘縣附近的剪子灣山、海子山等海拔四千五百公尺以上的大山抵達理塘縣。這條路最險惡，早期因有過二郎山的夢魘，也是我最不想走的川藏線南路。

其三，由昆明走大理、麗江、中甸，經鄉城、稻城到達理塘的滇藏公路，是傳說中山間有著神祕馬幫「叮噹，叮噹」聲音的傳奇路線。

其四，由青海西寧經青海湖、格爾木、崑崙山脈，及過去認為是長江源頭的

沱沱河、黃河沿，經玉樹、安多，再到達拉薩的青藏路線。這條路是陳若曦女士筆下《青藏高原的誘惑》中最美的一條進藏路線。

不論走哪一條路線，只要在車窗外看到藍、白、紅、綠、黃的五色經幡，配上藍天、白雲、雪山、聖湖，還有那皮膚黝黑發亮、笑容常開的藏族小孩，在車子經過時揮手招呼，就知道已經來到了美麗的「祕境西藏」。從一九九六年開始，「馬背上醫生」的執行地點就是在這景象最美麗、人文最豐富的「世界高城」理塘縣，海拔三千八百公尺。理塘縣毛啞壩上的曲登，是我每年上山來的時候一定會去轉三圈的地方，因為在那裡，我第一次看到了青藏高原稍縱即逝的「虹」和「霓」，也因為這短短三分鐘的邂逅，結下了往後十幾年的深厚緣分。

每年從康定經雅江進入理塘交界的高山，往下滑行過最後一個彎道，映入眼簾的就是長長平坦的壩子。剛來這裡的時候，聽司機師傅說這壩子小得很，不知是高山反應還是暈車，總覺得從壩子的左手邊開到右手邊要開很久很久。一直到幾年後才知道這壩子叫作毛啞壩，面積約有五個台北市那麼大。

第一次住進理塘的招待所有點不習慣，隔天早上拜訪長青春柯爾寺的香根活

佛，傍晚搭著越野吉普車從縣城往毛啞壩開去的時候，天是陰的，雲層又黑又重，低得快壓到車頂。偶爾飄來的雨滴又大又硬，敲在車窗上「咚咚」的作響，打在臉上更是又冷又痛。以前聽同行伙伴提到他那張可以在募款餐會裡義賣、拍得很棒的黃鴨（又叫赤麻鴨）照片，就是紮營在這裡時清晨起來拍到的。心想：「剛到這裡就頭昏腦脹的，昏灰的天空又冷又雨，這次大概沒機會拍到好照片了。」

轉個彎後，遠遠的灰色草壩上兀自凸起一個金字塔形的白塔，就在壩子的正中央，灰白的塔子映在灰黑的天空，倒不怎麼起眼。車子繼續開著，前面的路愈來愈亮，厚重的雲層好像一直在車子的後面趕不上來，反而在白塔附近的天空出現向晚的霞光，穿過雲層的隙縫，有好幾道細小光芒射向廣大的草壩上。

「快看後面！停車！停車！有彩虹！」車上有人大喊著。車還沒停妥，大伙就拿起相機往車外衝。看著外面厚重的雲層，白色的塔子，綠色的草壩，黑色的犛牛，加上七色的彩虹，腦海中就浮現出一幅美麗的圖畫。圖畫中的構圖，是彩虹跨過白塔，高高的掛在暗黑背景的雲層之上。

剛出車子，一陣寒風吹來，好像警告著這裡還是青藏高原似的。我手上拿著相機，穿著厚重的衣服，帶著微喘的氣息，想快點跑到白塔的迎光面，才能將剛剛想好的構圖拍下來。可是距離目標點還有一大段路，中間是忽高忽低的土塹，一不小心還會卡住而跌倒。待終於跑到能將整道彩虹與白塔全部拍進來的地方，卻看到那愈來愈亮的彩虹旁邊，還有一環顏色內外圈剛好與「虹」相反的「霓」掛在深厚的雲層之上。

「哇，怎麼會有這麼奇特美麗的景色！」心想：由內環到外環是紅橙黃綠藍靛紫的七色彩虹很常看到，但只有高中的課本上才提到，內環到外環剛好與「虹」相反的「霓」是紫靛藍綠黃橙紅，而我竟然在這裡能同時看到，真是太美了！

匆匆用不同相機拍了白塔與霓、虹的不同角度，發現彩虹已經開始黯淡褪色。剎那間，七彩的草壩人間，竟成了灰暗的迷濛世界。在回程的車上，我不斷的回想那倏忽即逝的片段，祈禱著回台北後洗出來的照片，能與剛剛所見的

景象相去不遠。

青藏高原的氣候是夏季多雨，雨後經常有很漂亮的彩虹。向著背光面，一天有幾場雨就有幾道彩虹，所以有「彩虹的故鄉」之稱。雨後的草壩上開滿了小小的花朵，紅的、黃的、藍的、紫的，大大小小不同顏色的花草枝葉，都在這裡爭奇鬥艷，開滿了整個草壩，令人想起 Discovery 頻道在播放沙漠雨季時，運用影片快轉技術讓尚未發芽的花苞在短短幾秒鐘內綻放盛開的景象。

雨後的天空，偶爾會有幾束明亮的陽光穿過厚黑的雲層灑向大地，白色的帳篷在陽光下顯得特別的亮麗耀眼，為森冷的草壩添上一種「家」的溫暖。雨過天晴之際，剛好在彩虹落地的那一端，幾戶牧民正因為放晴而開始活動。犛牛開始吃草，小孩追逐了起來，藏獒叫得更兇，女孩拿著竹籃在帳篷周圍活動，牧民的生命，好像隨著彩虹的出現而律動，稱他們為「彩虹下的牧民」，一點也不為過。

隔年再度造訪理塘縣，要決定醫療計畫執行的地點時，將這「白塔上的彩虹」照片拿給當地縣政府衛生局的李局長等人看，他們很興奮的說：「我們住在這裡這麼久都沒看過這麼美麗的景象，一定是上天的啟示，要你們來這裡進

行醫療計畫！」

他們哪裡知道，我們已經準備把這裡當作執行醫療計畫的基地。主要是因為當地是牧民集中的地區，生活條件比較困苦，相較於前藏拉薩有國際組織的援助，和後藏日喀則有北京的支持，在這裡進行計畫，一方面可以直接幫助牧民，一方面比較容易追蹤計畫的成效。可是我們還是寧願相信看到這次的霓虹，是上天要我們來這裡進行計畫的徵兆吧。說也奇怪，那短短的三分鐘，竟成就了十幾年的夢想與執著，而往後這些年來，我就不曾再看到白塔上的「霓」與「虹」了……

計畫開始之後，我每年都會帶著不輕的高山反應來到理塘縣外的毛啞霸上，試著尋找那稍縱即逝的彩虹，與彩虹下牧民對人生認命的悸動。有一年去過毛啞壩上的白塔之後，順道造訪了一個在壩子與縣城交接處的鄉村醫生家。在醫生家門口看到一個牧民躺在鋪著衣服的地上，右腳踝露出明顯可以看到骨頭的碗口大傷口，憂愁的臉龐，對我們勉強擠出一絲絲的苦笑。鄉村醫生從家裡出來迎接我們，看到躺在地上的牧民，與之交談數句之後，便請他和我們一起進入小小的木屋裡。

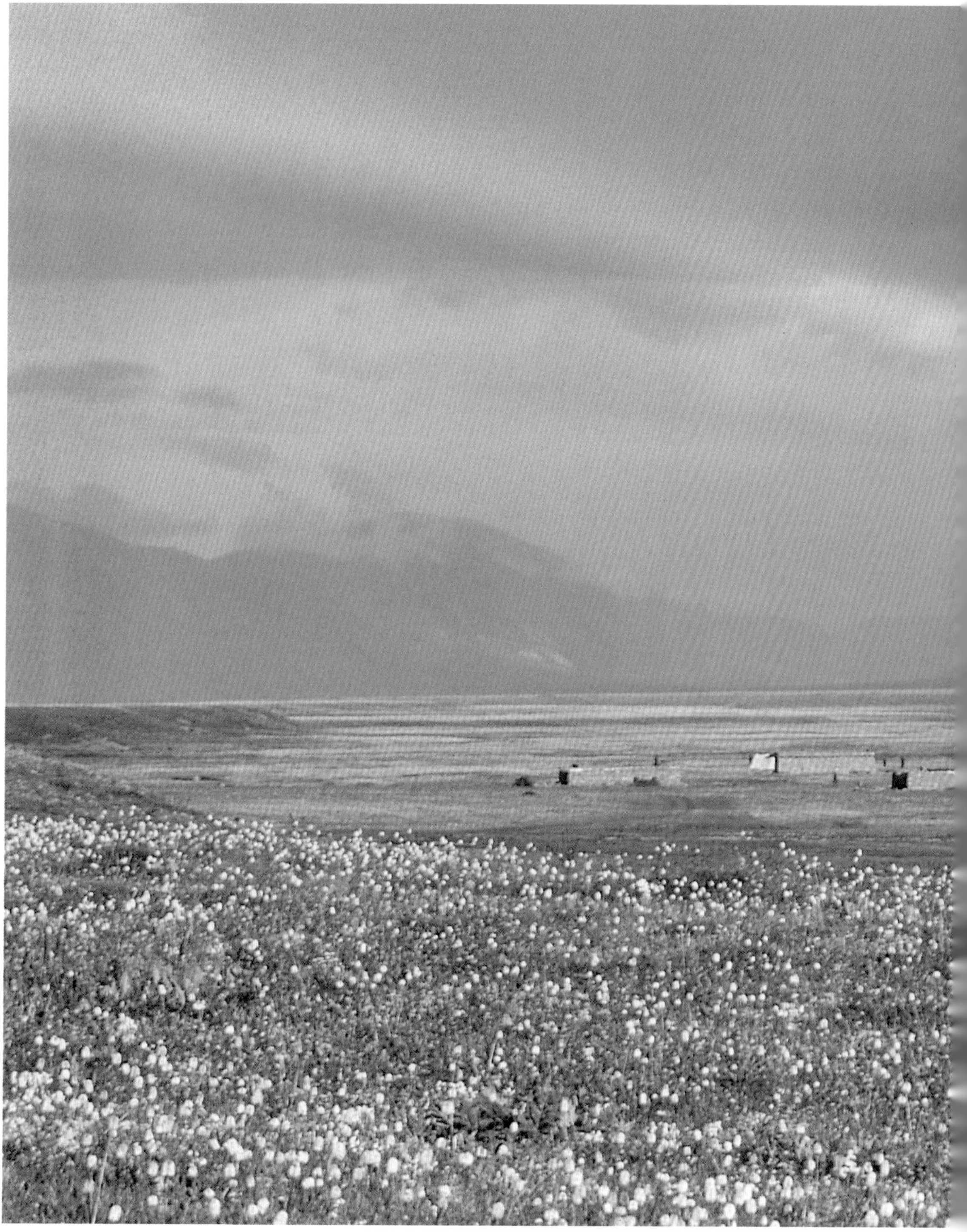

屋子裡沒有開燈，就靠著窗外的光線照亮幽暗的角落，典型藏式「L」形沒有靠背的椅子貼著窗戶和旁邊的牆壁，椅子上藏毯的花色有點像台灣古早的大紅花布，前面擺著一張長方型的矮桌，在高原上的傍晚，屋內顯得特別的幽暗。鄉村醫生點上燈，一邊招呼我們坐著，一邊請一位叫「卓瑪」（小鈴鐺）的小女孩去屋子另一邊櫃子裡拿出一瓶黃油油的瓶子交在他手裡。衛生局的人幫我們翻譯這牧民是怎麼受傷的，為什麼沒有去縣立醫院治療：

「這位老鄉因為摔馬腳受傷，去過縣立醫院治療。可是沒有錢，院方說傷口發炎了，直接截肢比較省錢。他沒有錢也怕截肢，所以離院到這裡給鄉村醫生治療看看。」衛生局的人聽了他們的對話之後這麼翻譯。說話的同時，鄉村醫生用棉棍沾了一點瓶裡的東西，往牧民腳上的傷口來回擦了好幾次：「這雪豬子的油特別好用。」

雪豬子，又叫「旱獺」，是草原齧齒科動物，在草壩上到處鑽洞築巢，是破壞牧牛草場的野生動物。早期沒有禁獵之前，牧民會獵殺這種動物。由於雪豬子長期生長在海拔四千公尺附近，皮下脂肪非常肥厚，跑起來臀部搖搖擺擺的，一看到人們接近就躲進洞裡。因為肉質不好，加上近年來禁止獵殺野生動物，在毛啞壩上經常會看到這種很害羞可愛，卻是牧民討厭的小動物。

鄉村醫生特別會將雪豬子的皮下脂肪刮下放進一個廣口瓶中，久了之後，裡面的油脂就可以拿來當作燙傷之後的塗料，據說效果非常好。在現代醫學中，治療燙傷也有用一種用油性藥布敷貼在患處的方法，與用雪豬子脂肪敷貼燙傷患部的方法非常類似，真教學過西醫的我不禁讚嘆不已。

「怎麼知道雪豬子的脂肪能治病呢？」憑著醫生的求知精神，我想要知道在高原上的牧民怎麼會了解這種治療方法。

「從母親那裡知道的，我母親學過藏醫。」鄉村醫生一邊回答著，一邊讓卓瑪將瓶子放回原來的櫃子。這時候我才發現卓瑪左手腕上有個小小的傷疤，幾顆大小不一的綠松石，用藍白紅的棉線串起來，戴在手上，剛好可以蓋住這些疤痕。

正想問卓瑪怎麼受傷的時候，鄉村醫生接著說：「卓瑪是隔壁帳篷的小孩，因為喜歡來看我治病，只要有病人的時候都會跑來幫忙。有一次我要用火灸幫老鄉治療，不知道她要去拿燙紅的鐵條結果卻燙到自己。還好只是一點點燙傷，用雪豬子油脂抹了十幾天就好了。卓瑪對醫療這麼有興趣，她長大了之後也可 以當鄉村醫生！」

與鄉村醫生聊了許久，正當大伙要離開他家的時候，腳傷的老鄉攔著鄉村醫生問說：還要多久才能好。鄉村醫生的回答是：「現在的治療只是暫時的，傷口還在發炎。如果可能的話，你應該到縣醫院治療。」

看著牧民老鄉失望的神情，正為他的遭遇難過之時，同行的女團員說要幫助這位受傷的牧民，請衛生局人員將此病患送到縣立醫院，在不截肢的前提下積極治療，希望隔年能夠看到他復原的情況。望著這位老鄉高興不已的笑容，雖然有點擔心我們實在無法幫助高原上這麼多的貧苦牧民，卻也為他感到幸運與開心。

雨過初晴的毛啞壩上，天空多了幾抹暈紅的彩霞。夕陽餘暉斜映在將要離開的越野車上，帶走的是不由自主流下的不捨淚水，留下的卻是往後十幾年的投注與機緣。

只因為那短短三分鐘的傳奇天啟。

風為你念經

第一次見到小鈴鐺是在馬背上，她被放在竹籃裡，帶頭母馬後面黏著剛出生幾個月的小馬，緊跟著母親的步伐，不讓我們接近。母馬頸上鈴鐺的聲音，隨著馬行一步一步「叮噹、叮噹」的響著。

她叫作卓瑪，那時候大概是一歲多吧，小鈴鐺出生在海拔四千公尺以上的青藏高原東邊，俗稱「康巴地區」的牧民家，夏天經常在理塘縣毛啞壩附近遊牧，家裡除了父母和一個姊姊外，還有一個喜歡回答她問題的奶奶。剛學走路的時候，母親因為怕她在帳篷裡亂走，所以會在她腰間繫上綁小犛牛的繩子，上面有鈴鐺，走路的時候發出「叮噹，叮噹」的聲音，這樣就知道她在哪裡了，再加上很多藏族女孩都叫卓瑪，所以我特別喜歡叫她小鈴鐺。

小鈴鐺很喜歡到隔壁帳篷的鄉村醫生家看他為牧民治病。自從知道我們每年都會來毛啞壩看鄉村醫生，她幾乎都會跟著我們問東問西。那兩頰晒得通紅油亮的臉上，有著掛過鼻涕的淡淡痕跡，身上一直穿著酥油沾過的深色棉衣。雖說看來有點蓬頭垢面，但從那糾結髮際旁白皙的皮膚，聰慧明亮的眼神加上潔白的牙齒，胸前戴著鑲著紅珊瑚的圓形金絲邊墜子，手腕上戴著紅白藍棉線串成的綠松石，不難想像若是經過梳洗，應是人見人愛的小公主！

那一年，大概是她三、四歲的時候吧，在我們去毛埡霸轉白塔的時候，遇到小鈴鐺和他的奶奶。那次沒看到彩虹也沒有冰雹，可是風很大，吹得天上的白雲像快轉的跑馬燈似的。

「那個白白的是什麼？」小鈴鐺指著白塔問著奶奶。那時候我們剛轉完白塔三圈，氣還沒喘過來呢，高原上的一切，果然與平地完全不一樣。

「那是曲登，裡面有很多經文，是為我們祈福的。當風很大的時候，風吹著曲登，就像在為你念經喔……」奶奶抬起手，像是讓風吹著，嘴裡念念有辭。

「曲登」是白塔的藏語，本來以為那地方是曲登鄉，所以有個叫曲登的白塔，後來才知道是因為這裡有個曲登（白塔），所以叫作曲登鄉。

「為什麼曲登下面有很多白骨，看起來好嚇人喔。」小鈴鐺很害怕的問。她跟著奶奶沿著白塔外圍繞行的時候，突然看到旁邊有一堆東西看起來很像動物的白骨，沿著白塔的斜坡堆起來，有些白骨上面還寫著藏文。

「不要害怕，那是小羊的骨頭，有些是雪豬子的骨頭，還有些是犛牛的頭骨。牠們都是動物，這輩子讓人們吃了，可能下輩子就因這輩子替我們做好事，就會投胎成為像我們一樣的人囉。牠們死後，人們把牠們放在這裡，就像是謝謝牠們，替牠們超度的意思。」奶奶一邊走一邊回答。

不知怎麼著，白塔附近的風特別大，吹得藍、白、紅、綠、黃的五色經幡像攤開來的經書，迎風飄曳。經書上細小的藏文加上大小不一的佛像與法器圖像飄揚在空中，映著白塔後面的雪山，真有如「風在為你念經」的感覺。

正在想像念經的情景時，遠遠看到兩個牧民騎著馬，趕著一群犛牛緩緩經過白塔。隔不久，那兩人策馬小跑步來到小鈴鐺和她奶奶身邊。

「卓瑪！」兩個小男孩一個年紀較大，另一個約莫十幾歲，看到小鈴鐺好像認識似的叫著。

「仁青哥哥！」小鈴鐺放下奶奶牽著的手，一邊揮舞著，一邊叫著跑向小男孩。那兩個小男孩下了馬，將兩匹馬的馬韁互相繞在一起，便讓馬兒隨處吃草。年紀大的脫下帽子走向小鈴鐺的奶奶，年紀小的則彎下腰來遞給小鈴鐺一束花，說是剛採的。

由於剛好站在他們附近，我可以清楚看到他們的模樣。那小男孩看起來就是典型的藏族，大大的眼睛，黝黑的皮膚，胸前掛了紅線串著的瑪瑙和白色狼牙墜飾，在這百花爭艷的夏季草壩上，的確增添了幾分陽剛的氣息。

「他們是誰？」悄悄問著旁邊衛生局的桑多，他是醫療計畫中的藏族老師，可以教漢醫與藏醫。

「他們是卓瑪家的親戚，經常在夏天來毛埡壩邊牧牛。小男孩是四郎仁青，他們家唯一的男孩，很有興趣學習，可惜要牧牛。」桑多老師接著說：「上次他來理塘的時候，要我跟他說達賴六世還有格薩爾王的故事，還一直念念不忘呢。」

「達賴六世」，不就是在吐蕃王朝中，被紀錄最少的一位達賴喇嘛？「達賴」是藏語「知識之海」的意思，「班禪」則有「博學」之意。記得以前到拉薩參觀布達拉宮，看到五世達賴的靈塔最為講究，主要是因為他在西藏的歷史上建立了不朽的功動。而達賴六世倉央嘉措雖沒有多大的建樹，但有關於他的情詩卻是最動人的：

在那東山頂上，
升起皎潔月亮。
未嫁少女面容，
顯現我的心上。

那一天，閉目在經閣香霧中，驀然聽見，你誦經中的真言，
那一月，搖動所有的經筒，不為超度，只為觸摸你的指尖，
那一年，磕長頭在山路，不為覲見，只為貼著你的溫暖，
那一世，轉山轉水，不為修來世，只為途中與你相見。

白鶴借我翼，
敖翔在雲宇，
我將不遠去，
到理塘就還。

六世達賴擁有這麼多情細膩的心思，卻不願接掌朝政，或許是因為當時的政治環境很混亂險惡吧。我深深的相信如果用藏曆來算命的話，他命中一定有「雙魚座」浪漫的宮位與星盤，相較於許多人「身不由己」的困境，起碼他的心是自由的。

在白塔的另一端，遠遠的可以看到一個很大白色的帳篷，不像是一般牧民的黑色帳篷，倒像是軍用的大帳篷，威嚴的矗立在壩子的一方，有點像裡面有什麼高官要員似的。帳篷外有幾個小的帳篷，在綠色的草壩上特別顯目。

趨近一看，這帳篷約有一層樓高，裡帳是紅色的，用幾根很大的柱子撐起來；外面撐住帳篷的繩子互相交錯，一不小心還會勾到跌倒。草地上有近百個身著黃色、紅色袈裟的喇嘛盤坐，後面正中央有個略高於其他地方的枱子，兩旁吊滿了長條型的花色棉布和法幢，每個喇嘛手上都拿者鈴鐺法器，彷彿在做法事似的。

打聽之下，原來這就是傳說中的「帳篷寺廟」。由於牧民生活的游牧慣性，經常在夏季草場與冬季草場之間不定期的移動，對篤信藏傳佛教而無法到固定廟子膜拜的他們而言，帳篷寺廟的出現，是他們在惡劣環境下，感覺到人生痛苦時的最佳心靈寄託。

「咚」「咚」「咚」的鼓聲，配合著「嗡」「嗡」的念咒聲，風兒吹起，法幢飄曳，藍天白雲之下，神山聖湖之邊，壩子上曲登的經幡四下飛揚，燒柏枝的炊煙裊裊升起，群鷹振翅翱翔，犛牛豎耳傾聽……

「妳聽，風兒在為妳念經！」小鈴鐺的奶奶舉起手，好像讓風吹著，嘴裡卻念念有辭。

接近天的地方

之所以喜歡這裡，因為這裡接近天，接近眾神，接近上帝，接近自然，也接近自我。

每年執行「馬背上醫生」基層醫療計畫時，需要擔心上高原有高山反應的路段，就是從康定出發要到理塘縣城的那一天。當天清晨吃過早餐後就一路開始爬山，翻過了康定附近的折多山、高爾寺山，中午在雅礱江畔的雅江打尖吃飯。之後經剪子灣山、卡子拉山和海子山等幾座超過四千五百公尺的高山埡口，才會到「世界高城」的理塘縣城。

途中由於超過四千公尺以上的植被屬於苔蘚類高寒植物，沒有針葉林等高大樹木，因此只要看到光禿禿的饅頭樣高山，加上附在手錶上的高度儀超過設定，嗶嗶作響的時候，忐忑的心就知道，海拔已經超過四千公尺以上。

離理塘縣最近的高山就是海子山，通訊專用的雷達站是這裡最高的埡口，四下一望無際，可看到附近低低的山頭，也可遠眺天際瞬息萬變的天候。變幻無窮的浮雲在湛藍的天空中飄過，時而高不可攀，時而近在咫尺。

雷達站附近也是我多年來喜歡一個人靜靜待著的地方。喜歡這裡，因為這裡接近天，接近眾神，接近上帝，接近自然，也接近自我。早期經常一個人清晨開著越野吉普車來到這裡，躺在草壩上，望著隨手可擷取的白雲，試著伸手摘摘看。這些年來，許多人生方向的大轉變，幾乎都是在這裡決定下來的，包括不回家開業讓父親傷心，由專職外科轉到有教職的兼職外科醫生，也包括了撫平家中巨大的傷痛……

高原上的路經常是自己開出來的，只要注意有沒有很大的凹洞，幾乎四輪驅動的越野車都能應付得來。找了一個平坦能仰望天際的草壩停下，躺著環顧四周，可以看到附近山頭的稜線。山腰上的點點犛牛，遠遠看起來像是小小的螞蟻在緩緩的移動。偶爾有紅色的花圃，一塊一塊的點綴在綠絨絨的草地。輕鬆的躺在遠離都市的高原，望著天上飄過的白雲，夏日青藏高原的微風輕拂在臉上，有點涼又有點暖，幻夢中，我跌入台北陳封許久的往事……

與父親之間的互動，是最難忘、最高興，也最遺憾的事。

「趕快吃，等一下你父親要開刀。」母親催著我們吃年夜飯。在小時候的印象中，每年除夕幾乎都有病人來開闌尾炎，每年除夕都看到父親匆匆忙忙的扒一下飯，就去醫院開刀了。

「你以後當了醫生，一定要對病人親切。」「你以後當上醫生，開業一定要在醫院等病人，因為病人會來找你，是你的緣分。」在我考上醫學院之前，每年除夕一定都會聽到父親對我的期許。確定我考上醫學院之後，父親就把診所隔壁的大戲院買下來，蓋了一間比原來診所大了好幾倍的醫院，說是要讓我回去接手的。

讀醫學院時每年暑假回家，都會去父親的醫院晃一晃，有時候還臨時被叫去上刀拉勾。每次走進父親醫院的時候，都會駐足在一塊黑色的大匾前，上面寫著「劍膽琴心」的金字，父親都會說，要有利劍般快速決定的膽識，和像琴音一樣細膩的心思與技術，才是好的外科醫生。

那時候一碰到釣魚的老朋友，父親都會介紹我去見他們，還特別用日語說，這小孩是「醫者之蛋」，也就是還沒孵成醫生的蛋，說我以後是這家醫院的院長。那時候偷偷望著父親嚴肅的臉龐，眉宇間，依稀可以看到那忍不住偷笑的得意。

說實在的，大學七年的寒暑假，尤其是除夕，除了出海釣魚時的閒聊和時而槓龜、時而滿載的成果之外，與父親大多是談論手術經驗和病人的事情。

畢業以後，在台北榮總外科的訓練過程中，假日固定查房，一定要先行診視

即將急診開刀的病人等等比較嚴格的師長規定，對已經被父親訓練過的我而言並不困難。反而是現在許多醫院才開始規定要醫師每日查房，讓我覺得很不可思議。雖然這也是我當外科醫師以後就沒有出現在教堂做禮拜的主要原因，可是我從不後悔。

讀臨床醫學博士班的時候，有一次在父親醫院幫忙開刀。他由腹部傷口的一邊劃開，我由另一邊幫忙。手術是將病人的腹部腫瘤做大切除，過程很順利。過程中，他的手和我的手剛好在病人腹內深處碰到了，一時之間那兩指指尖接觸的默契與愉悅，是無須言傳的。

開完刀當天晚上我去看病人的時候，看到父親在病房外的走廊下跟病人家屬比手畫腳，好像在說明病情。靠近之後才聽到是在聊什麼時候出海釣魚，要帶什麼探測機之類的種種釣魚資訊。看到我靠近後就對我說：「病人很好，你開得很好呢！」我從來沒看過父親露出這麼開朗的笑容，就算我考上醫學院時也沒這麼開心過。當時以為回家開業後，應該都會像這次開刀一樣，跟父親一起上刀、一起照顧病人、一起分享外科醫師的經驗與成就。

愉快的心情總是不會長久的。由於勞保、公保、農保及全民健保的相繼實

施，開業醫的收入愈來愈差，再加上開始實施醫院評鑑，使得父親的診所不得不改變策略，以因應即將實施的各種不利於開業醫的法規與制度。父親要我回去開業的壓力也愈來愈大，經常回家吃飯成為一種負擔，擔心又與父親產生互拍桌子的衝突。除此之外，那時候的醫病關係也受到「消保法」影響，經常發生比較緊張的醫病衝突。有一次為了方便連絡住院時間，我給了病人手機號碼。結果第二天病人父親打來說：「你為什麼給我們電話，是不是想要我們表示什麼（紅包）？」聽完掛上電話差點氣炸了。不過雖然如此，往後我還是會給病人電話，只為了相信人性本善。

有一次，父親要我去內科從住院醫師重新學起。當時我心中想著：「我都做到外科主治醫師了，幹嘛還要去內科重新當住院醫師？」母親也幫我緩頰：「他從小就聽你的話，即使考了九十九分，你也只會摸摸他的頭說，還差一分一百分！後來也很認真的考上醫學院，當上外科醫師，也做了醫學中心的外科主治醫師。這時候你還要人家去做內科住院醫師，說什麼以後考腎臟專科執照……」

我在房門外聽到父親咆哮：「我還不是為了他好，整個醫院都要給他！四十張洗腎的床位，如果他拿到腎臟專科醫師的執照，躺著幹就好了……」

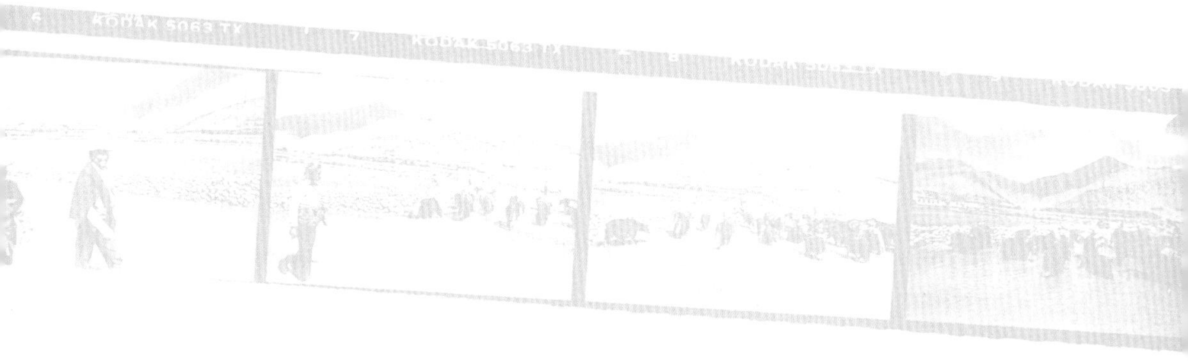

有人說，男孩子一生中總會有一次叛逆。記憶中，好像從小到大都沒有讓父母操心過，或許那晚是一生中最大的叛逆吧。那年的除夕夜我向父親攤牌，說不回家開業。父親一句話都沒說，年夜飯也沒吃完就離開家到醫院去。那天並沒有病人要開闌尾炎。

對一個白手起家，從台灣到旅順讀醫，戰爭時花了三個月時間才狼狽逃回台灣，在台北首善地區建立自己一片基業的外科醫師而言，他最大的希望，是將自己的孩子也培養成醫生，接續自己的理想，成就台北市「父子檔」的外科傳奇。但這樣的理想，卻在一個隆冬的除夕夜裡破滅了。世上最痛苦的父親，不是沒有孩子繼承衣缽，而是將自己創下的基業，親手收起來。

起風了，變冷了，豆大的雨滴打在幾乎睡著的臉上，青藏高原的氣候就是變幻無常，連晴天都會有雨滴冰雹從天而降。由於雷達站是在埡口的最高點，夏天雨季來臨的時候，經常有閃電雷擊。可是過去似乎並沒有發生過人被雷擊的例子。近年來，幾乎每年在最靠近天的地方，都有兩、三個藏民遭到雷劈的不幸，據說，這都是手機開始在本地販售之後才發生的。

雨滴不下，風也變暖，懵懵中我又回到那最初的原點。

記憶中在手術時與父親的手互相碰觸的美好經驗，如今就算我要回去開業也沒機會再次經歷了。最後一次握著父親的手，是他意外離開人世時。我是家族中第一個看到他的人。覆上他半睜的眼睛，腦中浮現的是他字字珠璣的教誨：

「對病人要好、要親切、要等病人。」
「外科醫生左手要注意，比右手還重要。」
「不要做官，因為那不能直接幫助病人。」
「走，去釣魚！因為那可以訓練外科醫生手的敏感度。」
「病人會來找醫生，是一種緣分。」

父親走後，雖然我依然跨臨床外科與教學研究，但我發現自己好像是仍在執業的開業醫。這十幾年來的基層醫療計畫，彷彿將我的診所開在青藏高原上，從未離開。

事情過了很久很久，有天在一個口袋裡發現父親生前給我的一張字條，上面寫著：「仁輝你好，reel內部破了，不能修，爸爸送你一付新的，祝你小心滿載。」reel是釣竿卷線的軸心，我有一次因為釣竿的卷軸轉不動，請父親幫我修理，結果他送了我一個新的。

這張字條，我現在還放在貼身的皮夾裡。

給我一個理由

當一個醫生去讀博士，是很奇怪的事，尤其在那個時候。

當一個台灣醫生去中國大陸藏區偏遠的地方進行醫療計畫，更是奇怪。

但自己的人生不自己決定，卻要顧及別人要不要做什麼，顧及別人為什麼不這麼做或那麼做，不是也很奇怪嗎？

可是，畢竟是要說服自己，還是要給自己一個理由。

一個家裡還有診所等你回去的外科醫生，不是應該繼承父業，當一個人人稱讚的「先生」嗎？「先生」是日語醫生、老師的意思。因為病人都叫受日本教育的父親為「先生」，所以自我從小立定志願走外科起，就聽很多病人叫我「先生蛋」，也就是「以後會孵成醫生」的日語。當時甚至還不知道自己考不考得上醫學院呢。

當了醫學中心外科主治醫師後，最先問我為什麼要讀博士班的，是著名的外科醫生「李杰」老師。當時在開刀中，他突然問道：「當外科醫生，為什麼還要念博士？你想走內科嗎？」一時之間也不知該怎麼回答。後來才知道我是李

老師的關門弟子，覺得還滿開心的。

其實，我也沒特別去細想為什麼要讀博士，只是想到做研究還滿好玩的。因為在榮總升總醫師的時候，必須要有科學性文章的發表。所以住院醫師訓練的第四年，自己也跑去檢驗科要了細菌的病株，再去外面藥房買了灌腸用的甘油球，就這樣在動物上做出臨床病人會因甘油球灌腸，引起直腸黏膜潰瘍致病機轉的文章。

一直到畢業以後，還是覺得研究的結果絕對不只是發表在《Nature》或《Science》雜誌上的才叫作好文章。只要是能了解病人的問題所在，能因此解決疾病的都值得鼓勵。

考上博士班的時候，當時的臨床指導老師，就是職務上的直接主管雷永耀主任，約我的研究指導老師張仲明教授，也是後來陽明大學的教務長，三個人到南京東路上的一家飯店餐廳。本以為只是互相認識的程序，沒想到三人坐定之後，主任從桌下拿出一樣東西，說他這輩子最尊敬老師，這是帶我來「拜師」，希望張老師能夠好好教導我。隨後又拿出另一樣類似的東西，說是要等到畢業那天再來「謝師」。

那天晚上，我們三個人就把第一樣東西解決掉。在那之後，雖然我們成為亦師亦友的關係，但我還是認為他們是在我生命中很重要的關鍵人物。

剛開始做「馬背上醫生」基層醫療計畫的時候，有一年到了鄉村醫生家裡訪視。那時候他已經完成初訓，正要準備複訓。在談著下年度有什麼想法的當兒，聽到一個細小熟悉的聲音從我身後傳來：

「他們為什麼要來幫多杰他們看病？」多杰是另一個帳篷的小孩。多年前在馬背上籃子看到的小小孩，現在已經可以跑來跑去的小鈴鐺問著。

「卓瑪，不要亂問亂說。」小鈴鐺的奶奶趕快抓著她。

「我不是來幫你們看病的，因為我不能在這裡看病。但是你們這裡的醫生不夠，外縣來的醫生會因為這裡太冷而不願長留在這裡看病。我們想看用什麼方法，讓你們的醫生增加。」

「那為什麼要每年都來呢？這裡雪好大好大耶！」小鈴鐺掛著鼻涕指著帳篷外，好像可以看到飄下的大雪似的。

「因為你們的地方很大，需要多一點的醫生。一年訓練十個人二十個人，不太夠用。」

「而且也要來這裡跟衛生局的人對帳，並打印明年的工作項目。」小鈴鐺的奶奶接著這麼說，像是要打斷小鈴鐺的問話。

開始計畫的前一、兩年由於經費不足，害得同行伙伴除了到處募款外，還自己倒貼了不少。後來做到第四、五年之後，很多國內、國外單位或雜誌知道這個「馬背上醫生」的計畫，也會來提供幫助的意願與細節，甚至開始邀請我們到處演講。

「台灣有很多很落後的地方，也有很多人需要幫忙，你們為什麼要去那麼遠的藏區？」「大陸人那麼多，你能幫助到多少人？要幫到什麼時候？為什麼不幫助台灣人？」演講之後，有些人會有意無意的顯露出他們心底的意圖，問著這些尖銳的問題。

其實這些問題，也曾經困擾我們約有三年之久。在前幾年打算支援培訓十數位鄉村醫生的時候，算一算訓練費，包括師資費用、生活費用、交通費等等，大約一個人一年要台幣一萬元。但訓練出來後，平均大約一個鄉村醫生一年就能看到三千到四千人次，如果更積極點的話，還能看到六千人次，使這些人免於「缺醫少藥」的窘境，產生病情延誤或致命的危害。

反過來說，這一萬元的微薄訓練費用，要在台灣蓋個鐵皮屋都還蓋不起來呢。所以用這種「邊緣經濟效益」的說法，倒是讓我們對上述問題給出一個還算牽強的理由。

直到有一天，在毛啞壩邊鄉村醫生家外面，有個藏族男孩躺在路邊，左腳還有個杯子大的傷口，深及見骨，好像正等著人來幫忙。大概是外科醫生當久了吧，看到傷口就會過去看一下。我將他扶進鄉村醫生家裡，發現並不嚴重到致

命，但需要到縣立醫院治療比較好。經過簡單處理，交代他回去怎麼換藥包紮後就讓他回家。

出了門口，他的背影迎著西下的夕陽一跛一跛的走著，我發現在處理傷口的時候，那種感覺就像在台北幫榮民伯伯換藥一樣，根本沒想到他是藏族或是漢族。當時突然領悟到自己「看到病人，就想要幫助他們早日脫離病痛」的心，這不就是醫生應該要具備的嗎！也想到父親說過：「病人來，就是需要幫忙，你要盡量幫助他們，因為你是醫生，那是一種天職。」

當電影「鐵達尼號」放映的時候，很喜歡其中一段描述蘿絲在「鐵達尼號」甲板上看著傑克畫冊時對他說的一句話：「You have gift.」明明知道這gift是天賦，可是心裡就是有不同的解讀與看法……

不是每個人都能幸運的當上醫生，即便當了醫生也不一定有機緣能幫助到很多病人。如果能夠好好運用這份當醫生的幸運、能力與機緣，那麼什麼理由都不需要了。

馬背上的醫生

「馬背上醫生」是什麼？是騎著馬的醫生嗎？」不了解的人會這麼問，了解的人就知道他們不是真正的醫生，只是受過訓練的基層人員，但是在廣大的青藏高原上，卻扮演著維護牧民健康的重要角色。

理塘當地牧民習慣以游牧維生，也因當地平均海拔在四千公尺以上，平地出生的牛羊不易生存，因此所放牧的皆以能耐高寒的犛牛為主，隨著季節的變換逐水草而居。牧區草場上的牧民因地理環境的關係，生活非常困苦，「缺醫少藥」的情況極為嚴重。牧民經常因無法順利就醫，而使病情加重甚或死亡。

剛開始執行基層醫療計畫的培訓工作之初，我們曾與當地縣政府談過，發現其實牧區已經有縣立醫院、鄉衛生室（相當於衛生所）與村衛生室人員的固定編制。這通常是由正規醫療系統訓練出來的醫生來擔任。一般而言，藏區牧民多投入游牧的生活，因此這些基層人員多半為漢族。可惜由於冬天實在太冷，經常可冷到零下四十度，受過完整訓練的漢族醫生，常因無法適應當地氣候而放棄上山工作；即使勉強上來，也會在入冬之際下到比較低海拔的地區避寒，因此基層醫療制度的運行可說是名存實亡。

「馬背上醫生」的醫療計畫就是針對村級的醫療人員，即所謂的「赤腳醫

計畫訓練的人員都是來自不同鄉的當地牧民，結業後回歸到當地牧區服務，是解決牧民醫療問題的最好方法。

生」進行培訓，來幫助牧民脫離缺醫少藥的困境。這種村級醫療人員的受訓期只有九個月，另外加上三個月的實習，因此並不比正規醫療制度訓練出來的醫生具有專業的判斷與知識。但是藉著培訓在地居民成為村級醫療人員，結業後回歸當地牧區服務，是現階段解決牧民醫療問題的最佳手段。

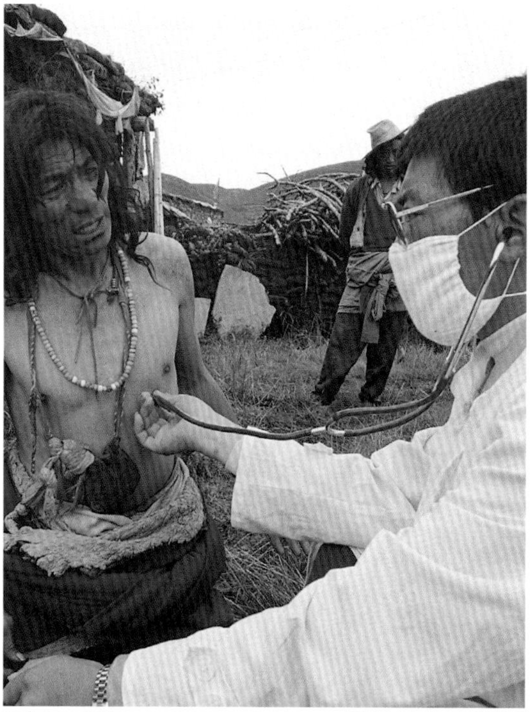

早期我們訓練了近三十名的鄉村醫生，並配備了基本的醫療設備及購買藥品的周轉金。在我們深入牧區與鄉村醫生對談過後，了解到大約一半以上的疾病，因有鄉村醫生的巡迴出診，牧民不必長途跋涉的下山就醫，當然以往延誤就醫或病情加重的情況就少多了。由於地廣人稀，草場幅員廣大，鄉村醫生往往要騎上兩、三天的馬，才能到放牧的地方幫牧民看病，因此才被稱為「馬背上的醫生」。

第一次看到所嘎是在一個寒冷的夜晚。那是我們第二年由康定上到理塘的第二天。晚上和衛生局的人員談過計畫，回到招待所大廳的時候，突然有兩位身著紅衣的喇嘛從暗處閃身過來說要幫我們拿東西。經過衛生局的人員稍作介紹與解釋之後，便詳細問及他們的生活概況，才知道這兩位喇嘛「所嘎」和「貢嘎」是參與第一期培訓的鄉村醫生。結業之後，他們回到原居地曲登鄉共同合作設立村醫衛生室，服務當地的牧民。

由於當地交通非常不便，牧民出來縣上看病的機會較少，大部分都到所嘎他們的診所來看病或是請他們出診，一年大約有五、六千人次的診次量，連附近新龍縣和白玉縣的牧民都慕名而來，的確達到了培訓基層醫療人員的目的。

然而有些牧民生活困苦，身無分文，無法負擔看病的診療費或是藥費。根據所嘎描述，有一位罹患肝病的牧民，因感念他在沒錢時仍不計較的給予診治，在大病過後數月，竟牽著一頭犛牛來謝謝他。他還說其他鄉村醫生也遇到類似情況，大約有百分之六十的牧民無法負擔醫藥費。不過病人通常都會找其他的方式來謝謝鄉村醫生，我還曾經看到牧民拿一對他們自己挖的冬蟲夏草來謝謝他們呢。

每一次到牧區搭建帳篷的時候，牧民會到各處通報說「村醫來了」，只要一搭起紅十字的醫療帳篷，帳外就聚集了很多需要看病的牧民；如果碰上下雨或下冰雹，帳篷裡就會擠滿了牧民在火塘邊烤火聊天。而所嘎因為是喇嘛的身分，身上經常只穿著薄薄的紅色袍子。但在海拔四千多公尺以上的高原，還是會裹著棉被一邊念經一邊準備看病。

「謝謝您們對我們的幫忙，這對老鄉有很大的幫助。我想繼續參加臨床培訓，增加自己的學識，因為現在所學的還不太夠，有些病還是不太熟……」所嘎很認真的盯著我們說。

對所嘎印象最深的是他積極主動的態度。往後的幾年，他除了參加臨床培

訓，還參加了心臟內科的培訓。比較有趣的是他也參加婦幼兒科的臨床培訓，畢竟在藏區，喇嘛並不能參與婦產的相關檢查與治療；而婦女在經期內也不能到喇嘛廟膜拜。然而，所嘎幾乎是百無禁忌，能學的、能用的都全部用上。

「作為一個喇嘛，為婦女接生是很矛盾的。但是在海拔那麼高的地方，難產死亡的人數很多。那一天到親戚家，看到產婦胎盤下不來，又出了那麼多血，整張臉白成一張紙，連說話都不行了。我也管不了我是個喇嘛或是個啥子，反正救人要緊，把那個人救活，我就對了。那次救活了她，心裡也是挺高興的！」所嘎開心的說著。

他們除了對牧民好外，對我們也是知恩圖報。每年我們千里迢迢一路奔波到理塘時，總會在下榻的招待所看到兩個熟悉的身影，為我們獻上藏族視為最高祝福（吉祥如意）的哈達，而且堅持為我們獻上活佛加持過的佛像以示祝福。他們清瘦的臉龐帶著幾分靦腆，冰冷的雙手緊握著我們，卻讓我們在高原的寒夜裡感覺到無比的溫暖。

青藏高原氣候變幻無常，無所謂春夏秋冬，平常大約只有夏季與冬季之分。如果從平地上高山，從山下到山頂的埡口，一天之內就會經過四季的氣候，如

果沒有足夠的經驗與準備，通常都是掛著鼻涕上山。

藏族牧民的夏季草場，多位於廣大平坦的草壩上，夏季多雨，草壩上的小花小草將壩子上點綴得像是綠色地毯一樣。黑色犛牛低著頭吃草，從這個山頭吃到另一個山頭。遠望過去，就像珍貴的黑色珍珠灑落在綠絨絨的絲緞上面，煞是好看。可是一過秋分，秋天的景色還沒紅透，初雪早已白了草場邊的山頭，草壩上來不及綻放的花朵，就被凜冽的北風吹黃了枝幹，夜裡還綴上了銀白色的霜降。

這種入秋的景色在理塘附近、海拔更高的格木鄉更容易看到。格木鄉距離理塘縣城，騎馬約需一、兩天的路程，當地牧民的生活環境更苦。區達因為參加了早期基層醫療培訓計畫而成為格木鄉的鄉村醫生。有一年，我特別跟區達騎馬上到格木鄉了解醫療計畫的成果。雖然時序正值夏日，但夜裡高山上的溫度還是可以降到十度以下。

剛上到格木之時，正下著冰雹，區達讓我們到帳篷裡烤火、喝酥油茶祛祛寒氣。不到一個時辰的光景，帳外天空漸漸變亮，從帳篷裡還能很清楚的看到外頭太陽穿過帳篷縫隙的光線，灑在角落裡晒乾的犛牛糞便上。我想起一路上看

到有些藏族婦女背著竹簍，用竹夾子在草壩上撿拾牛糞丟到背後的籃子裡，那是用來度過低達零下四十度酷寒冬天的維生燃料。此時，那扁平如披薩，無臭無味的犛牛糞便，映著陽光和火塘冒出的縷縷白煙，倒像是高原上無價的黃金，閃閃發亮。

「哇！哇！」正當大伙談得正起勁的時候，區達手中抱著的孩子揉著眼睛嚶嚶啼泣。就見著帳篷中唯一身穿紅衣花裙的女人趕快接過小娃兒，一邊搖一邊呵護著。不一會兒，大概是怕吵到大人們說話，就將裡頭的小孩都帶出帳篷。正當要出去的時候，明亮的陽光斜照在女人與小孩的身上，那種景象幾乎是西方油畫裡不朽的題材，卻在平凡無奇的帳篷裡驚奇重現！

「你把卓瑪帶去台灣好了，就當作是你的女兒囉！」正當我們在帳篷裡跟其他鄉村醫生閒聊到當地的生活與醫療環境多麼艱苦之時，區達無厘頭的忽然對著還是單身的同行伙伴這麼說。區達有兩個女兒，卓瑪是他的二女兒。記得毛埡壩邊的女孩「小鈴鐺」也叫作卓瑪，藏族同名的人還真的很多呢。同行的伙伴由於是黃金單身漢的關係，經常成為幫助基層醫療計畫的衛生局同仁的取笑對象，說要介紹漂亮的藏族女孩給他。

「怎麼了？你不喜歡她，還是嫌她是女孩子，無法幫忙放牧犛牛？」有人這麼問著。

「喔，不是啦，只是這裡冬天太冷了，我希望她能過得好一點。」區達說完這話，眼睛望著帳篷裡火塘上面的通風口，好像盡量不要讓眼眶中的淚水流下來似的。我不經意的回頭看著卓瑪，她依偎在區達身邊，手拿著寫了外文的餅乾，嘴邊還有未舔完的屑屑，不知是不懂，還是忘了剛剛她父親對我們說的話，眼睛裡散發出喜悅的光芒，彷彿期待著一個美麗的未來。

外頭的風凜烈的呼嘯著，區達緊縮著身子倚在馬背上，踽踽獨行在偌大的青藏高原，只為了到達那杳無人煙的牧牛草場，將自己所學用在刻苦耐勞的牧民身上，這就是「馬背上的醫生」。

彩虹下牧民

藍天白雲　雪山聖湖
犛牛點點　帳篷羅列
浩瀚蒼穹為幕
無垠大地為床
長長的草甸是唯一的依靠
凜冽的寒風是來訪的常客
漫漫長夜
犛牛頂著帳蓬
帳篷上星子灑落
灑落的是那一夜的夢土
是　倉央加措留戀的地方

也是
流星隕落彩虹的故鄉

犛牛的一生

犛牛的「犛」字，究竟是讀「黎」還是「毛」？

曾聽過當地人說犛（毛）牛的肉很好吃，說在更高的地方還可以看到野犛牛，一直以為這個字就是念「毛」。可是有一次看到 Discovery 頻道中提到犛牛是念成「黎」牛，當下覺得一頭霧水。

到底是「黎」牛還是「毛」牛？一定要弄清楚才行，免得被人家問了之後說錯就糗大了。查了康熙字典，犛牛這個「犛」是念成「黎」，又讀「毛」，與「牦」字同音，用電腦打注音拼音的話，要用「黎」才打得出「犛」字。所以犛牛念成「黎」牛，牦牛則念成「毛」牛。

犛牛是一種生長在高海拔寒冷地帶的大型牛隻。第一次看到犛牛是在越野吉普車上，在車內突然看到前面路旁的一群黑色龐然大物，定在那裡一動也不動。快到牠們跟前的時候，車子突然放慢速度。好奇的問了一下開車的師傅：「怎麼了？為什麼放慢速度？」師傅鄧珠是藏族，也是醫療計畫的長期工作人員，人很熱心，對藏族同胞的事幾乎有求必應；相對的，對不爽的人也會給臉色看。

忽然間，剛剛不動的黑色大物就往車前馬路橫衝過去，如果不是剛剛已經有準備而放慢車速的話，應該就撞上了。「你看，犛牛就是會衝過馬路。」鄧珠不慌不忙的開車一邊說著。

好幾次想拍犛牛的近照，可是很少成功。原因是這種個子大大的牛，卻有著害羞細膩的心，只要一靠近，牠們馬上就會掉頭跑走。十幾年來每年夏天到青藏高原訪視鄉村醫生，大概只有在牧牛草場上住在鄉村醫生帳篷，清晨時分放牧，牛兒吃草的時候，才有機會拍到害羞大個兒的大頭照，由頭部、胸前、腹部到尾巴，都是黑黑長長的毛。像扇子般的睫毛蓋在銅鈴般的大眼上，大大彎彎的角配上炯炯發亮的眼神，在青藏高原上是很威風的。可是如果從很遠的地方看去，黑得發亮的犛牛群，一群一群的散在綠色的高原上，有如陳若曦女士《青藏高原的誘惑》一書中的描述「就像一盤散落在綠色地毯上的黑珍珠似的……」的確，生長在高原上犛牛的一生，就像黑珍珠一樣的寶貴，也是高原上牧民一生的依靠。

剛開始進行「馬背上醫生」醫療計畫的時候，為了了解當地的疾病型態與就醫習慣，我們特別設計了問卷，由當地懂得藏話與漢話的藏醫「地伯」幫我們翻譯，到草場上訪問牧民的生活，其中一項是關於經濟環境。藏族不像漢族一樣用金錢來衡量財產，而是以有多少牲畜（以犛牛為主）來當作家庭富裕貧窮的指標。

近年來，「馬背上醫生」計畫加入了無法負擔費用卻需要醫療協助的個案補助。這些因為家庭經濟不佳，幾乎無法維生的牧民，經過協商討論後，接受當地工作人員建議，補助一隻母犛牛和一隻小犛牛，讓他們可以因此有犛牛奶過活，並可以到市集以物易物，自給自足。當時一隻犛牛大約價值新台幣四千元左右，在台灣若以這種數字，可能不到一個月就花光了，這種邊緣經濟效應在青藏高原，可說是發揮到淋漓盡致。

犛牛是藏族生活不可或缺的伙伴，與其說是牲畜，倒不如說是藏族家庭的成員來得適切。小犛牛剛出生的時候，如果是天寒地凍的氣候，牧民會將小犛牛帶進帳篷裡利用火塘烤火取暖；也因毛長暖和，抱著小犛牛取暖可以度過零下四十度的寒冬。可說，藏族牧民的生活幾乎離不開犛牛，從擠下犛牛奶的那一刻開始。

那一年，大伙睡在牧民帳篷裡，半夜還是不時有犛牛頂著帳篷，裡面的人一夜都沒睡好，深怕一不小心就被牛角穿過去。清晨五點多天還沒亮的時候，就

ミルク

聽說牧民們要去擠犛牛奶，我因為高山反應強烈而睡不好，也就跟著出去看個究竟。

在曙光微露的晨曦中，藏族婦女先將母犛牛牽到一個空曠的地方，後頭還跟著一頭小犛牛。等固定好母牛，將牛奶桶放在母牛的腹部乳房下面，慢慢的按摩著乳房，脹乳之後順著勢用力將乳汁擠出來，如果不是很有力道的話，還擠不出來呢。同行的伙伴想要嘗試著擠擠看，結果都擠不太出來。後來經過藏婦調教一番才生出一點點乳汁，那時候才知道什麼叫作「使盡擠奶的力量」。不過可憐的是身後小犛牛，口鼻一直被「井」字形固定架固定著，呆站在母牛後面無法吸到乳汁。

犛牛奶能做出各種奶製品，維持藏族的生活需求。傳統的做法是將擠出來的乳汁倒入叫作「雪董」的大桶裡，用力上下攪拌數百次，攪到油水分離，表面便浮出一層淡黃色的油層，舀起來揉成團狀，放入清水冷卻便成酥油。奶酪則是利用提取過酥油的奶水加熱、發酵，擠出水分製成的，通常拌著白糖吃可增加體力。

如果把奶酪一把一把的捏在手裡，並從指縫中擠出來放在一個大大的竹籃

裡，擠出的奶酪像一塊塊的小餅，放在太陽下晒乾就是很好吃的奶渣子。如果加上犛牛肉的豐富營養與熱量，藏族牧民在高原上要度過寒冷的冬天並不困難；但是要度過暴風雪的氣候，就要加上犛牛在高原上吃草後所排出的糞便來當烤火燃料。

在平地上尤其是溫度高的地區，一提起糞便就會想到不快的味道與經驗。可是在高原上，大概是氣壓低水分蒸發快，加上草食性動物的特殊消化系統，犛牛留在草壩上一坨坨的排泄物，竟是無臭無味還帶點青草味兒。藏族婦女和小孩經常在太陽晒過幾天的午後，背著大大的竹籃到草壩上，用竹夾子將犛牛糞便夾起往後面的籃子一丟，不需多久時光，就能撿滿一竹簍放在帳篷外的空地上。用板子壓扁晒上幾天，等乾透了便移到帳篷裡左邊靠門口的角落，那就是幫助牧民艱苦度過零下四十度惡劣寒冬最重要的維生燃料。

有一年遇到一個來藏區旅遊的外國自助旅行者，交談之中他提到要到牧民家打工，可是牧民說他們不需要學英文，就讓他用手將犛牛糞便和刨下來的木屑揉和成一球一球的，再用手板將它打平，放在乾地或夯土牆上晒乾。如此一來，混合的扁狀物就留下了他的手印。問他感覺如何？他說：「嗯，還不錯，很像在做披薩呢。」那人噘著嘴笑著說。一直到現在，我還是很好奇他離開後是否還敢吃披薩！

「你是針，我是線，針線永遠黏相偎……」這首由張景洲作詞、張錦華作曲的台語歌「針線情」，用來形容犛牛與藏民之間緊密相依的生活最適切不過。犛牛除了活著的時候讓藏族溫飽之外，往生之後也讓牧民將骨頭做成針，尾巴搓成線，用毛線穿過骨針，一針一針的縫製成黑色帳篷和花色藏毯，讓牧民游牧在高寒的青藏高原時有棲身之所。這種一般的針線活兒，在平地或高山民族應該都容易見到，倒是有一種活兒，只有在青藏高原上才看得到。

在一次田野訪視牧民的疾病與就醫習慣時，一位老藏婦到我們跟前，說了一堆我們聽不懂的話。

「地伯，她在說什麼？」我一愣一愣的問著也是藏醫的藏族翻譯地伯。

「沒有啦，她要你看她自己用犛牛骨做成的下門牙，她自己做的唷，還說能咬犛牛肉乾呢！」

「我的天啊！」我看了她的下門牙，真的就是以犛牛尾巴搓成的線固定犛牛

骨做成下門牙的兩邊，同時她還做了兩顆犛牛骨假牙呢！

在「馬背上醫生」的醫療計畫中，曾花了三年多時間拍攝十數位鄉村醫生實際行醫的狀況，再選出五、六位具特殊意義者剪輯成生活錄影帶，成為目前鄉村醫生到牧區行醫的唯一紀錄。

其中有一段記錄鄉村醫生所嘎和貢嘎兩人一起去高山上採藏藥，採完藏藥回到牧區，借住在牧民帳篷裡的影片。影片中所嘎將犛牛尾巴的鬃毛一絲一絲的抽出來，貢嘎將好幾絲用手掌互相搓揉成一股長長的絲線，再將這長長的絲線對折成兩股絲線，互相搓揉成更粗的毛線。如此一來，就能依照所需的絲線長度與強度，搓揉成不同粗細的毛線。

他們將犛牛尾巴搓成的線穿過犛牛骨磨成的針，將所採的藏藥一株株的串起來，掛在帳篷外的大繩子上晒乾。這種利用犛牛全身上下的東西來度過高原上寒冷氣候的藏族生活方式，已經有一千三百多年的歷史，到現在仍然如此。

住在鄉村醫生的帳篷裡，最痛苦的莫過於半夜寒風透過帳篷下的隙縫吹進來，就算在夏天，青藏高原夜裡的溫度還是會低到攝氏十度以下，從晚上入睡

（如果睡得著的話）到清晨醒來（其實從沒入睡過），全身上下從沒有暖過，怪不得在基層醫療計畫的問卷中，藏族描述身體不適最多的症狀，關節痛占了其中之一。

反過來說，帳篷裡最漂亮的景色，是雨後太陽晒到帳篷的時候。金色光線透過黑色帳篷的孔洞，將溼透的帳篷蒸發出水氣，在篷裡冉冉上升。朦朧的水氣後方，隱隱約約的看到女主人手抱著剛出生不久的娃兒，略顯疲憊的臉上掩不住那比陽光還燦爛的笑容；金色的光芒灑在揪著媽媽衣角的小女孩臉上，映著陽光的微揚眼角裡一閃一閃的。帳篷裡四下安靜，背景全黑，只剩這一幕在陽光水氣中流著鼻涕綻放笑容的女孩圖像。

這十幾年在青藏高原上進行醫療計畫，經歷過許多不為人知的艱辛與困難，也嘗試問自己為什麼要放棄很多別人認為的成功機會。我不知道答案也不想知道，只是很想在每年夏天來高原上，重溫這帳篷裡陽光水氣中的一幕吧！

耍壩子

同樣是藏族的居住地區，「九寨溝」為什麼不是「九寨壩」？「耍壩子」和「扛壩子」有什麼不同？這些問題在剛開始進行醫療計畫的時候，經常在車上困擾自己許久。可是當時因高山反應，只顧著跟自己的身體搏鬥看能否多吸點氧氣，下車後哪記得問這些問題；回到台北查資料又查不到，只能靠每年夏天追蹤醫療計畫時，慢慢領悟這些問題的答案。

夏日將盡，牧草枯黃，早秋的楓已經為上山路旁景色妝上一抹嫣紅。喜馬拉雅山系在大陸西南擠壓成忽高忽低的橫斷山脈，一片平坦的高原經常夾雜著落差一、兩千公尺的河川，造成交通不便及與世隔絕的地理環境。平坦的地方，漢語翻譯成「壩子」，而靠近山邊的地方則叫作「山溝」。顯然的，九寨溝的地形，應該不是一望無際的草原，而是間雜著雄偉秀麗山勢的山溝溝頭。

若說康區藏族有什麼特殊的休閒，大概於開春之後陽光普照，是藏人最喜歡躺在草壩上享受美好陽光的時節。八月仲夏時分，由各鄉各村而來的藏族男女群聚在廣大的草壩上，進行為期約一至兩週的「賽馬節」。這時，藏族女孩會將家中最漂亮的家當與首飾穿戴出來互別苗頭，也是青年男女認識交往的開始，和年長婦人四處串門的大好時機。這些在平坦壩子上進行的社交活動，在在顯示出年輕、活力、自由與韌性的藏族精神，當地人稱之為「耍壩子」。

有一年，從理塘一早就出發要回康定。由於數日豪雨陽光初露，一路上風光明媚，藍天白雲，犛牛低頭佇立在綠油油的草地上，遠處高聳的折多山頂的碎石坡因融雪過後而顯得灰暗，可是旁邊流過的折多河在陽光下卻是波光粼粼，淙淙有聲。一閃而過的黑色塔子（曲登）上飄著與五色旌旗略為不同的經幡，據說是黑派喇嘛教的寺廟（黑派的曲登顏色與其他派別不同）。與黃教不同的是，他們轉經輪時是逆時鐘方向。轉過一個大彎之後，映入眼簾的是一片嫩綠的草壩，天空有著棉花般的朵朵白雲；車窗外吹進來的風，拂在臉上暖暖的，好像在寒冷的冬天，臉上碰到剛用熱氣烘完的羽絨被似的。

「走！到平地上耍壩子囉。」司機師傅大概知道我們的心意，特別提出來要到壩子上耍一下。

師傅停下車，拿出一塊大塑膠布鋪在約有一寸高的草坡上，從袋子裡掏出早上才買的饃饃與犛牛肉乾，加上幾瓶啤酒放在地上，吆喝我們過來吃。還來不及拿開瓶器，他就利用兩支筷子交叉架在瓶口上，「啵」的一聲瓶蓋就被撬開。等大家都人手一瓶，互碰「乾瓶」之後，就躺在草地上享受難得的高原夏日陽光，一邊撥著饃饃一邊嚼著肉乾，細細品味口中微甜啤酒花的香味。蒼穹

為幕，大地為床，犛牛與你相伴，河水為你歌唱。

想起前些年暴風雪的夜晚在折多山上趕路，根本不知道路在哪裡，也不知道什麼時候才能到達目的地，更何況隆冬的藏區有時候會達到零下四十度的嚴寒，我開始感受到藏族「認命知足」的意涵，和夏日溫暖陽光下「耍壩子」的樂趣。

八月的高原草壩上，可說是百花齊放、普天歡騰的季節。約莫八月一日開始的「賽馬節」是牧區藏族的重要節日，而八月底到九月中旬的「迎秋節」則是農區藏族慶祝收成好過冬的節日。「賽馬節」通常由各縣輪流舉辦，每隔幾年就會擴大舉行一次，往往在七月底的前一週，就有許多白色帳篷開始搭建在預定舉行典禮和賽馬的草壩上，隨著節日的到來，帳篷愈搭愈多，舉家老幼婦孺幾乎全員到齊在草壩上度假，甚至連公家單位都配合著放假，一起過節。

「今年擴大舉行賽馬節，其他縣的都過來參加賽馬競技。」醫療計畫的桑多老師一邊指著一個很大的帳篷一邊說著，還帶我們過去跟帳篷裡的藏族朋友打聲招呼。

低著頭鑽進前有粗繩交錯的帳篷門口，映入眼簾的竟是兩排正襟危坐，身著鮮黃色或藏紅色衣衫的男孩子，頭上用犛牛骨的髮環和紅巾將頭髮固定在一邊，典型的康巴青年裝扮，腰上有些還配著藏刀，身子打得直挺挺的盤坐在藏毯上。兩排青年的正中央坐著一位年紀稍大的長者，據說是這家的族長，帶著這十幾位年輕小伙子來參加賽馬節，看起來好像正在精神訓話，凝聚賽前意志力，準備大展身手。

桑多老師為了不打擾這種特殊場合，稍作介紹就帶我們出了帳篷。在走向司令台途中，沿路上大大小小的帳篷裡擺設著幾乎是全部家當的牧民很熱情的招呼我們，三五成群的藏族女孩穿著豔麗的服飾，編織過的亮黑秀髮上盤著鑲了紅珊瑚的金黃色髮箍，脖子上掛滿了不同顏色的綠松石、蜜蠟、瑪瑙、珊瑚、還有藏族特有的天珠，腰上繫著內有活佛照片的銀白色小盒子，和半個手掌大小的鎏金佛像。在豔陽照耀下，這些閃閃發亮的藏族女孩幾乎為這高原上的夏日，增添了幾許黃金般的璀璨與亮麗。

還來不及拿起相機拍下這些美麗的鏡頭，「達、達、達……」急促的馬蹄聲加上「嘶」的一聲長鳴，一匹馬氣喘吁吁的停在面前。抬頭一望，竟是一個看似不到十五歲的小男孩英挺的騎在馬背上。「唰」的幾秒鐘內，他俐落的跳下馬來，溫柔的拍拍馬背，牽著牠走向空曠的草壩上。突然之間，「嘩」「嘩」的吵雜聲從壩子的另一端傳來，好幾群人不約而同的向司令台方向集中。行進中有些小孩躺在地上打滾，小藏獒在旁邊追著，有些婦人則揹著竹簍到草壩上撿拾高原上的「黃金」（犛牛留下來的糞便）。在這舉「區」歡騰的季節裡，被四、五個月寒冬憋死的小孩哪管得地上「黃金」有多少，早就在壩子上打來打去、滾來滾去。

望著那半乾半濕的「黃金」和距離不到幾寸的玩耍小孩，「這不是高原疾病的溫床，傳染病的根源嗎？」有高度職業病的我腦海中不禁浮出「寄生蟲」、「結核病」等早期台灣的疾病型態，也產生了加強當地「公共衛生教育」培訓課程的規畫。

「大概是比賽快開始了。」桑多老師邊說邊走，剛剛看到那帳篷裡的男孩們早就牽著馬往司令台走去了。

「他們怎麼不騎馬過去呢？」心裡納悶著問桑多。

「馬兒是他們的寶貝，除非必要，否則一定不會讓馬兒多費力來背負他們，

這樣等一下比賽的時候才有力氣衝刺。」

在比賽場地附近，幾乎所有的馬尾巴都用五顏六色的布巾束起來，就像女孩子的「綁馬尾」髮式。聽騎士說，這樣馬兒跑步的時候比較有平衡感，而且也跑得比較快。數十匹馬兒在騎士的駕馭下稍作練習，步伐忽快忽慢，時而疾走，時而急停；有時快跑展臂拉弓，有時下腰拾取哈達，在在都顯示出騎士與馬兒的極佳默契。

約莫過了半個鐘頭，聚在司令台前的賽馬愈來愈多，好像快開始比賽了，男男女女也聚集在長約一百多公尺、寬約二十公尺的長方形賽馬場兩旁，快到終點前的人群也因競賽場中的馬兒速度太快，經常會衝過頭或偏向人群，紛紛躲避到「馬路」之外。

「嗚……」號角聲響，「轟隆」的一聲，馬兒幾乎同時向前疾衝，奮力的往前跑。幾乎站在馬蹬上的騎士弓著身子匐在馬頸上，手中的馬韁隨著馬鬃的律

動揮舞著，快到司令台前的剎那，只見數十匹像是飛在天空中的神獸，人、馬融合為一，瞬間凍結在超越時空的古羅馬競賽場上。

來回數次的「達、達、達……」急促馬蹄聲，加上後來「嘶」的一聲長鳴，其中夾雜著「鷂子翻身撿哈達」、「騎馬射箭」、「騰雲駕霧」等賽馬項目，將夏日午後的草壩營造出嘉年華會般的瘋狂與喜悅。如果曾經歷過攝氏零下四十度的酷寒，或感受過一年之中有四、五個月冰封的日子，應該不難想像藏族牧民為什麼會在夏日耍壩子時，盡情享受上天賜予的陽光，恣意伸展那沉寂已久的筋骨。

美好的時光總是短暫，不到兩個禮拜的「耍壩子」終於在「ㄖㄨㄚ」糌粑、吃乳酪、啃犛牛肉乾、喝青稞酒、賽馬撿哈達等一定要有的項目中落幕。就像夏日高原上的小花還來不及盛開，「秋」就已來到。

八月底高原的西風黃了草壩上的花草。我拾起一枝枯乾的繡球花，將它放在白塔（曲登）邊的水塘旁，約定著等明年待我來到這裡的時候，再度為我綻放……

天籟

「天」，這個字對居住在青藏高原上的藏族來說，意義是很崇高的。

由於藏族長住在氣候高寒的青藏高原，能使用的地面不多，如果能有平坦的壩子也多半留給犛牛吃草之用，因為犛牛肥了就能讓一家人溫飽。正因為身處在這樣艱困的環境，藏族對「天」的態度是很謙卑的，只要有機會就會在平地上堆高石頭，稱作「馬尼堆」。小的馬尼堆有點像漢族的「土地公」，能夠保衛附近的家園；大的則堆成像白塔一樣，稱為「曲登」。藏族牧民游牧時，附近不一定有寺廟可供祈福修行，所以就會繞著這些馬尼堆或曲登數圈，以求庇祐。

在藏族的觀念裡，只要愈靠近天，就愈能早點輪迴到下一世。有次訪視到一位藏族老婦，看到她因罹患關節炎導致兩側膝蓋變形，無法站直而苦於行走。我問她：「妳這麼辛苦生活，對這輩子有什麼指望？希望孩子孫子都好嗎？」

「這輩子已經很苦了，我只想平常多念經，早日離開現世，讓天上的老鷹將我的靈魂帶到天上，希望下輩子能輪迴到好一點的人家。」婆婆笑笑的，臉上帶著一絲絲的無奈。

還有一次到了一家牧民的帳篷，帳篷裡有一位老媽媽、一對夫妻和兩個孩子。問到這位二十好幾的男主人說，你以後有什麼打算嗎？

「沒有呀，就好好養這些犛牛，讓牠們生出小牛來，這樣子家裡就會過得好，再讓小孩子接手畜養這些犛牛……」男主人一邊說著，一邊將乾的犛牛糞便放到帳篷內的火塘裡，接著用手擦擦被煙燻出眼淚的眼睛。我忽然察覺到藏區失明的人很多，除了海拔高紫外線強的環境因素之外，或許也與這種文化習俗有關。

「西藏有什麼特殊的聲音？」台北的朋友知道我去過藏區，好奇的問著。

沒錯，在還沒開始執行醫療計畫的時候，印象中有關西藏的聲音，除了女孩子高亢清亮的歌聲以外，就屬那因為高原上沒有什麼遮蔽，風吹著高山稜線所發出的呼嘯聲最為震撼。在這裡，大自然永遠給地面上的一切生物最原始的洗禮與美好。

有一次，在鄉村醫生的帳篷裡談著未來幾天的行程與規畫。說著說著，突然間，帳篷頂上與外面地上分別發出了像是有很大的雨滴打下來的聲音，「咚咚

咚」的此起彼落，裡裡外外的像是一首快板的進行曲。往帳篷外一看，原來是下起冰雹了，一時間大地昏暗，疾風呼嘯，天是陰沉迷濛的，地是冰冷溼漉的。由於來得又快又急，犛牛都靜止不動，連藏獒也不叫，彷彿時間靜止了，靜止在浩瀚宇宙的開端。

不一會兒，外面沒有聲音，天開了，陽光從陰霾的雲中露出細微燦爛的光芒，灑在那因冰雹而微白的綠色草地上，形成一長條的金色光影，映著帳篷旁開始活動的人們與牲畜。男孩忙著鬆開犛牛的鼻環趕著吃草，女孩忙著整理剛剛被冰雹打斷的家事，小孩拖著鼻涕、光著腳追逐著，藏獒犬又開始叫了，風也不再呼嘯。光影前後的高山與草壩是一幅圖畫中深色的陰影，襯托著霞光裡的藏族生活。我豁然開朗：每個民族都有上天給他們的應許之地！即便是在這片高寒的青藏高原上。

剛到理塘縣籌備「馬背上醫生」的培訓計畫時，對那些能將聲音唱到很高很高的西藏女孩，總有著不可思議的感覺：「怎麼會有這種聲音？」後來有好幾年在談完醫療計畫預算與執行細節後的送別晚會，女的鄉村醫生學員都會表演幾首熟悉的歌曲，歌詞中充滿了對神山聖湖的禮讚，與男女情愛輪迴的不捨與眷戀。聲音清亮，中氣十足，歌聲尖銳卻不刺耳，持續高亢的激昂中，亦不乏溫柔低吟的婉約，那跨越十幾度音符的音域，往往是高音後再更高音，幾乎是人聲的極限，結束後留給人難以置信的讚嘆與佩服。

一直到有一年上山訪視理塘縣格木鄉的鄉村醫生時，才發現藏族男孩歌聲的粗獷與細膩。

格木鄉在理塘縣的南方，海拔比縣城還要高，大約四千三百多公尺，屬於海子山自然保護區。有一年為了要去探訪格木鄉的醫療狀況和當地的牧民，鄉村醫生區達和他的弟弟特別下山來接我們。大伙在理塘縣招待所附近將兩三天的糧食與物品打包好，將整輛越野車後車廂塞得滿滿的。隔天一路顛簸到入山口，那地方好像叫作「濯桑」。記得那個地方，主要是因為每次上山或下山都在這附近吃中餐，而且是麻辣魚鍋！覺得好吃，可能是在山上被高山反應和飢餓所折磨，一到山下就覺得什麼東西都美味無比。

從濯桑到格木鄉的道路很窄，又是山路不能行大車，只能騎馬上去。在入山口附近將馬兒分配好之後，就開始往山上的牛場（放牧犛牛草場的俗稱）前行。當地人習慣稱在草場放牧的人為「牛場娃兒」。牛場娃兒會在前頭牽著馬，沿著草壩邊的山溝向山上的草場走去，因為怕我們不會騎馬而摔下來，加

上縣上的工作人員千叮嚀萬叮嚀的要他們照顧我們，深怕有什麼差錯會擔當不起。剛開始我很認命的讓他們牽著馬一步一步慢慢走，之後摸熟了馬性，就拉上轠繩，隨著自己的意願穿梭在不見陽光的林間小路上。

一開始騎馬的時候感覺很新鮮，路旁雪山融雪而下的淙淙流水聲，高聳入雲的針葉林中飄掛著原始苔蘚植物，金色陽光穿林而過，灑在朝露未乾的枝葉上，晶瑩剔透得有如鑽石般一閃一閃的。輕輕撥開飄在空中的綠色苔蘚絲絨，放鬆轠繩隨馬兒熟稔的步子前行，一時間倒有金庸小說《笑傲江湖》中令狐沖的適意與情懷。

過了溪邊小路之後景緻變化很大，時而亂石成堆，時而高山縱谷；時而平坦草原，時而草甸處處。我們有時下馬前行，有時策馬輕跑。每當由山溝邊緣走向略為平坦的高處草壩時，彷佛與大自然間有了知心的約定。牧民口中喝出清亮粗獷的山歌，劃破了幽幽山谷的寧靜。這種粗獷的吆喝與一路上看到牛場娃兒對馬兒的溫柔細膩，實在搭不上。

牛場娃兒都會有自己最熟悉、最喜歡騎的馬，一般都是有經驗的老馬。好幾次都看到他們牽著馬走在前面，就算腳踏在積水盈寸的高原鬆軟草甸裡，鞋子都濕透了，他們也不會騎著馬走。

問他們為什麼？「就是不想讓馬兒太累，因為馬兒是我們維生的主要牲畜，也是家人。」牛場娃兒輕聲的說著。看著他們輕撫著馬兒脖子上的馬鬃，彷彿輕觸著剛出生的嬰孩。

說到天籟，還有一種聲音是西藏地區特有的。

在剛開始「馬背上醫生」醫療計畫的前幾年，剛好在台北聽到入選英國BBC世界音樂大獎，藏族女孩朱哲琴的「阿姐鼓」，覺得歌聲中蘊含著一種特殊的氣氛，與我們在理塘縣上聽到藏族女孩唱的不太一樣。低吟的誦聲夾雜著幽遠

的情懷，訴說著刻骨銘心的藏族傳說，句句穿透人耳，聲聲震撼人心，更迭於前世與今生，輪迴於涅盤與來世，之前好像在哪裡聽過似的，卻又說不出來。

一直到縣上的廟子長青春柯爾寺，在幽暗的寺廟中，一群身穿紅衣的喇嘛盤坐在黝黑的地面，微弱的光線映著他們手上的貝葉經文；帶領的高階喇嘛盤坐在更高的台上，手執法器法鈴，口中喃喃念著咒文。剛開始的聲音低沉不明，爾後音量逐漸宏厚，直到每個喇嘛連翻貝葉經文的動作都整齊一致時，「嗡」「嗡」「嗡」的誦咒聲彷彿能夠穿透人體，產生身體心靈的極大共鳴。剎那間，高山反應的頭重、頭暈與呼吸不順都消失於無形。這種音韻與意念的傳達，在印象中的中土佛教好像沒經歷過；或許木魚、鐘聲的音律可能也有類似的意思吧。

每個民族都自有其與上天溝通的方式。上天給予藏族如此困難的生活環境，也賜予他們如此美麗的自癒能力，藉著天籟，維持平靜安穩的心境，怡然自得的活在漠漠大千，滾滾紅塵。

海子與海

從世界各地雜誌的報導，藏族給人最深的印象，就是頭上的髮飾與身上所穿戴的各種珍貴的飾品。由於藏族敬佛，都把黃金製成的東西獻給寺廟與佛像。因此只要看到有金頂的建築，幾乎都是寺廟。藏東的藏族男孩子頭上以綁紅巾為主，因地處康區，故有「康巴漢子」之稱；女孩子髮飾主要以銀飾為主。只要是節慶的時候，男男女女幾乎將家裡的家當都穿出來，在草壩上爭奇鬥豔。

有一年的八月賽馬節，小鈴噹全家都來理塘縣周邊草地上紮帳篷「耍壩子」。早在一個禮拜前，就有許多家族陸陸續續從各鄉來到這裡，一頂一頂的白色帳篷主要是休閒用的，與傳統居家用的黑色帳篷不一樣。從山頭上望過去，有點像春天降臨綠色大地後的一塊塊殘雪。

小鈴噹的母親邀請我們進帳篷裡，為我們打上酥油茶。大概是為了節慶的關係，她的胸前掛著一大串五顏六色的寶石，有瑪瑙、珊瑚、琥珀、蜜蠟、綠松石，還有非常少見的天珠。有趣的是她胸前掛的一個約莫手掌大小的方形銀製盒子，盒蓋上鑲著金箔和一顆鴿子蛋大小的綠松石。

大概是由於顏色特別，綠松石顯得非常顯眼，不規則的形狀間雜著細細的黑色紋路，看起來像是裂開的細紋，卻是完整的。雖然名叫「綠松石」，可是顏

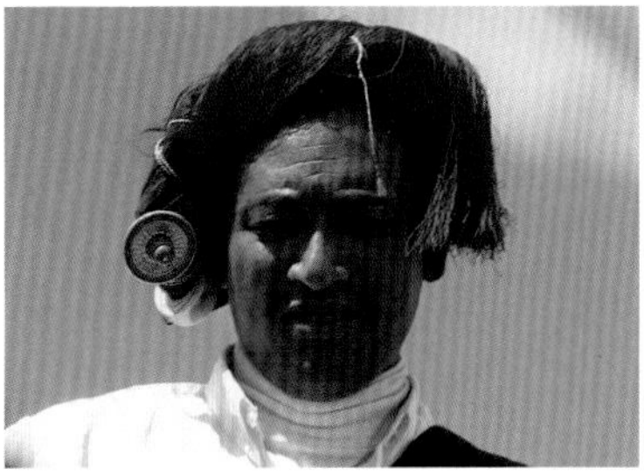

色倒像歐洲愛琴海的藍，配上銀飾與紅色的珊瑚，可說是自然顏色的絕配，怪不得來到藏區的歐美女士都喜歡掛上剛買的綠松石呢。

「聽說台灣那邊靠海，珊瑚很多很大，是真的嗎？」隨行的桑多老師翻弄著手上的紅色珊瑚一邊問著。他是基層醫療計畫中可以同時教現代醫學、漢醫與藏醫的主要師資。

「是啊，台灣南部靠近墾丁海域的珊瑚很多，有時候還能在海底看到珊瑚排卵的奇觀。」我拿起他手上的紅色珊瑚說著。

「你們能帶珊瑚過來嗎？台灣的又大又好，在這裡應該能賣到好價錢。」桑多拿起珊瑚對著電燈，說要看看透不透光，「可是要有洞的才是真的，不要沒洞的。」

「嗯，的確有一個完全沒有洞的，外觀比較完整平滑；另一個有許多很小的空洞，形狀也比較不規則。」我看著手上不同的珊瑚，學著怎麼分辨真假。後來終於想出一個很不浪漫的道理：因為珊瑚是動物，所以會有細小的孔洞；而假的是機器製造，沒有空洞。

由於顏色特別醒目，再加上每個女孩身上都有一個這樣的盒子，在好奇心的驅使下，問了桑多這串寶石的意義。

「喔，那個東西叫作『嘎烏』，是專門放小佛像的，掛在胸前有庇祐祈福的意思。」桑多一邊指著小鈴鐺的母親胸前的嘎烏一邊說著。

「其實還有一種流傳已久的傳說。」桑多像是對著小鈴鐺說故事似的對我們說……

在古老的西藏地區，人們生存不易，男人為了養活家人，經常必須外出一些時日，將狩獵得來的動物帶回，才能溫飽一家人。有一天，這家的男人多杰外出打獵，已經超過應該要回來的時間卻還沒回家，多杰的女人拉姆很是焦急，不知如何是好，兩個孩子才三、四歲，吵著要爸爸。

時間一天一天的過去，多杰還沒回來。多日的焦慮、失望，到最後的絕望，讓拉姆極度憂傷，整日以淚洗面，最後哭到淚水都變成紅色的血水，倒在帳篷正中央的唐卡佛像下面。

懵懵中她聽到佛祖對她說：「當妳的眼淚能夠串成一串項鍊掛在胸前的時候，他就會回到妳身邊。」

當佛光退去，拉姆醒來之後，發現她臉上的淚水因為出血，已凝成一顆顆的紅色淚珠。她趕快將這些淚珠用犛牛尾巴編成的線串起來掛在胸前，等著，等著……

突然一天傍晚，多杰帶著狩獵的戰利品回來了，手上還握著一顆東西，對拉姆說：「我追一隻藏羚羊追了很久很久，追到海子那邊。海子很藍很藍，可是卻找不到路回來。在夜裡睡夢中佛祖對我說，你沿著山的走向，往太陽上升的方向一直走就到了，結果我果然找到路回來。你看，那藍藍的海子裡有這種石頭，我撿一顆回來送給妳。」說著就把從藍色海子帶來的綠松石，與拉姆胸前以淚水變成的珊瑚串成一串。這就是往後藏族女孩都會戴著綠松石與珊瑚胸前掛飾的原因。

「什麼叫作海？是不是我們去年去的『海子』那個地方？」突然從身後聽到一個細細的聲音，是小鈴鐺的。

不知道她怎麼會問這個問題，大概是剛剛桑多老師提到台灣靠海時聽到的吧。在小鈴鐺提到海子的時候，我腦海裡突然浮現去年與幾家藏族一起到雪山下的海子邊紮營的情形。

青藏高原上除了藍天白雲之外，經年白雪覆蓋的神山和幾乎沒有被汙染的聖湖，都是藏人非常崇敬的對象，在每一年的特定時間都會成群結隊的去轉特定的神山或聖湖。因為高原不靠海，所以由高山雪水融化而成，匯聚在山腳下的高山湖泊，都被稱為「海子」；有時候湖畔叫不出名字的高山，也被稱作「海子山」。

那年來理塘的時候，一起同行的伙伴較多，回台北的時間也比較緊迫，桑多老師看到人多好玩，就吆喝大伙說隔天到海子山下的海子邊紮營耍耍（遊玩的意思）。剛到理塘還沒來得及適應高山反應，第三天就直接往海拔四千兩百公尺高的海子方向開去。

一離開縣城附近的柏油路，沿途就是所謂產業道路的砂石路，路面高高低低加上大大小小坑洞，讓六個人擠一部小北京吉普車的台北城市土包子，顛到差點胃都翻出來。

好不容易顛到一個山頂隘口，剛要翻山而下時看到對面白雪靄靄的雪山，雪山下有一片湛藍的高山湖泊。就在那雪山冰川的底下，因為融雪的關係，那片長長的冰舌沿著山的走勢穿入湖泊之間，寶石藍的湖水和純淨白的積雪，藍天白雲加上空中飄著的紅黃旌旗，相互輝映成絕美的西藏風情畫。

「海子到了！」桑多一手緊握著吉普車的欄杆，一手指著車前遠方的海子說道，「下面的路在整修，路面很爛很惱火。」來到藏東甘孜州藏族自治區幾年之後，才漸漸推測出藏族對於不熟或是做起事來很棘手的情況，都叫作「惱火」，經常說明天回康定要走的路坍方了很惱火。

話還沒說完，「咚」的一聲，吉普車大概碰到凹洞來不及慢下來，我們所有的人都往上飛，我的手來不及抓到門邊的握環，整個頭碰到車子正中央的橫槓；又「碰」的一聲，剛剛飛上來的行李掉回後車廂所發出的聲音，掩蓋住自己剛剛撞到橫槓悶哼的一聲，還來不及感覺頭部撞到的疼痛，整個人又飛起來……

就這樣折騰了幾個小時，好不容易終於到了海子邊。清澈的湖水幾乎能看到水底不同大小的石頭，平靜如鏡的湖面被水中成群的魚兒撥弄著；上方海子山

頂靄靄白雪的倒影，隨著波紋一環一環的向著湖中心漂去。水邊的草甸是鬆軟的，一腳踩下去，冰冷融雪匯成的湖水馬上灌進鞋裡，心底就陷入該趕快洗乾淨，可是又怕那幾近零度的透骨冰寒之兩難中！

夜幕低垂，早來的星子趕著太陽下山，帳篷旁的營火也擠滿了取暖的人。青藏高原的夜晚是清冷的、寧靜的；是高貴的黑，星子的亮；是看到流星許願的喜悅，也是高山反應無止盡折磨的開始。

那夜，大家話都不多，草草結束吃不下的泡麵罐頭晚餐，將帳篷裡的通鋪位子分配好，不到九點，燈都熄了。

「咳，咳，咳」，右邊的人咳了幾下。

「嗟」，左邊的人開了手電筒，在袋子裡找東西，讓塑膠袋發出唏唏嗦嗦的聲音。

「誒，你睡著了沒？」躺在帳篷門口的人輕聲的問。

「沒有，頭很痛睡不著。」也不知是誰回答著。

「哞，嗯」，外邊有東西頂著帳篷還發出聲音來。

「咳，咳，那是什麼東西呀？」

「是犛牛，不要管牠，把鞋子放進來一點，免得被狗咬走了。」

「牠的角會不會戳進來呀？」

「你咳得很厲害，我這裡有藥你需要嗎？」

「我的天啊！」心想裡面這樣子一來一往怎麼睡得著？外面十度以下又有藏獒犬和犛牛，萬一要上廁所怎麼辦呢？頭又痛又暈怎麼撐過今晚？早知道就不要來海子或是晚幾天再上來就好了……

「什麼是海呀？」小鈴鐺指著遠方。「海是有很多大大葉子的樹木，在有很多沙子還有紅紅太陽的地方。」小鈴鐺的奶奶溫柔的回答著。我正想回過頭去問奶奶，發現她指著牆壁上一張舊舊的，有著夕陽斜映著棕櫚樹的夏威夷沙灘海報。

唐卡

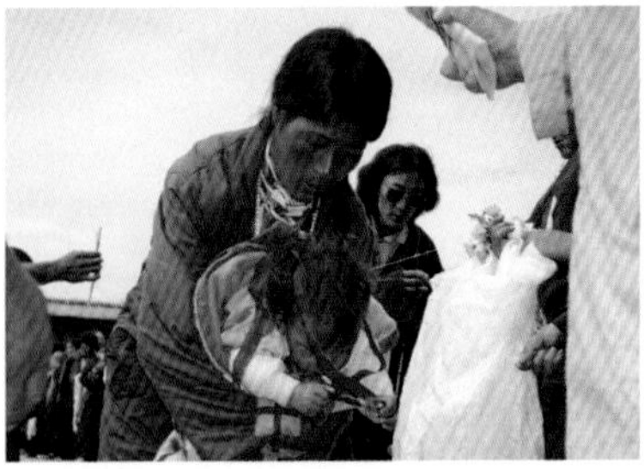

「清朗的藍天、雪白的浮雲、獨特的藏紅、神祕的宗教、高寒的地域」，大概是每個人一提到西藏都會想到的畫面。可是，在牧區經常不是這樣的。當我們在海拔四千五百公尺下著冰雹的陰天，走進一頂藏族鄉村醫生的帳篷時，正中央燒著柴火的火塘冒出陣陣白煙，燻得眼睛都睜不開來。鄉村醫生忙著在火塘底下倒上敲碎的乾犛牛糞便，一邊打酥油茶給我們取暖，一邊說著一年來的近況。

等眼睛稍微舒服之後，睜眼環顧了帳篷裡的擺設，突然發現有一樣很不起眼卻看了會吸引人的東西，斜掛在帳篷入口正對面。那是一幅很老的「唐卡」，放在三層土墩堆成的矮架上，上面沾了一層灰，下面橫木上放著八個酥油燈，像是漢族家裡的供桌似的。

這幅唐卡約莫一張A3的大小，上面畫的是一尊佛像，上下各有木棍撐著，雖然老舊，依稀可以看到那描金的線條非常細膩，佛像慈悲的眼神中帶著無比的智慧與安詳。

「那是父親留下來的，已經很久了。」鄉村醫生說。

「牧民有時候會以唐卡進行個人的修行。有時候，牧民家人過世或是需要喇嘛做法事的時候，也會掛上喇嘛廟帶來的唐卡，念經超度或弘法。」平常也在縣上教鄉村醫生藏醫課程的隨行藏族桑多老師，一邊指著唐卡一邊說明唐卡的功用。

回到台北翻了唐卡專家黃英峰先生的大作，才知道在帳篷看到的那幅老唐卡，是一尊釋迦牟尼佛的卷軸唐卡。

在西藏豐富的文化藝術當中，最奇特的大概就推唐卡藝術了。「唐卡」（thang-ka）兩字來自藏語音譯，簡言之就是一種卷軸宗教畫。製作方法為以絲絹綢緞為材料，用刺繡、編織、拼貼或套版印刷等，或用藏區特有的顏料在畫布上直接繪製。從描圖、構圖、色彩、線條，到佛像的形態與特徵，都有非常嚴謹且規範的畫作細節。由於藏族幾乎全民信佛，任何一座寺廟、佛堂、僧舍乃至信徒家中都供有唐卡，作為修行觀想或弘法布道用。

說唐卡藝術是藏族的全民藝術一點也不為過。因為藏族牧民的居處時常變動，加上早期藏僧注重密法修行，常到荒野處靜修，所以唐卡這種可攜帶的繪製佛像因而產生，便於弘法的僧侶隨身攜帶，牧區特有的「帳篷寺廟」就是最

好的例子。

除了個人修行、大師弘法之外，許多信徒也請畫師繪製唐卡，捐給寺廟作功德。之前因為自己學醫的關係，所以在參觀各地藏醫院的時候，院方都會帶我們到一間全是唐卡的小屋子裡，介紹佛龕裡供奉的藥師佛和四面壁上的《四部醫典》掛圖唐卡，說這是藏醫的始祖與聖書。

《四部醫典》可說是藏醫的聖經。它的前身是《月王藥珍》，約在八世紀成書，共一百五十六章，長兩千三百餘頁。《四部醫典》的作者是宇妥寧瑪元丹貢布，分為第一部《根本醫典》、第二部《論說醫典》、第三部《祕訣醫典》及第四部《後續醫典》。為了方便學習，第司桑結嘉措在十七世紀時，將四部醫典的內容，以圖畫方式呈現，稱作「四部醫典掛圖」，完全以唐卡繪製而成，共七十九幅，目前真跡只剩二套，據說有一套在拉薩藏醫院。

「現在藏醫幾乎都是用四部醫典掛圖來看病，也就是看圖治病的醫書。」藏醫院院長一邊走一邊說著圖裡的內容。走到門診診間的門口，看到有一懷孕的藏婦在裡面。院長指指裡面說：「其實，孕婦們也知道懷孕幾週的時候胎兒有多大，會變成什麼樣子。例如現在變成魚，過幾個月就變成龜，最後才會變成

胎兒。」

「怎麼可能？」我驚訝的說。

「怎麼不可能！你看這裡。」院長指著一幅唐卡，然後從書架上拿出一本很大本的書籍，封面橫標寫著「四部醫典掛圖」。其中除了圖以外，還有詳細的內容說明。

在《四部醫典》中第五篇，是描述人體發育的過程。例如，第一週，精血混合。第二週，凝結如酪。第三週，狀如酸奶。第四週，硬結成塊，漸分性別。六到十週，算是魚期。十到十七週，算是龜期。十八到三十五週，算是豬期。

雖然是一張在古典書籍裡的圖，卻讓學過西醫胚胎學的我有一種時空錯亂的感覺。傳統的西方醫學著重在身體細微的描述，如希臘的雕刻藝術不都是人體肌肉線條的呈現嗎？但唐卡是藏族的藝術精華，怎麼可能會在唐卡裡畫有人體胚胎學的完整過程？其中是否暗示著希臘醫學曾經在此有過東方與西方文化衝擊的匯聚呢？

看完唐卡的晚上，本來就有高山反應加上想著唐卡裡的文化衝擊，實在很「頭痛」。突然看到有個藏族男孩在招待所的門口晃來晃去，手裡夾著一捆約兩尺長的東西，用舊舊的報紙包著，一下眼睛望著屋子裡，一下又用厚重的大衣遮掩著長長的東西。因為是夜晚，看起來又鬼鬼祟祟的，心裡著實擔心，就直接出去問他：「有什麼事嗎？我們好像不認識你。」

「……嗯嗯，你們要看東西嗎？是老東西喔。」看到我出聲音，他反而放鬆的說。

什麼老的東西？我想大概是舊的東西吧。因為來的目的是進行醫療計畫，也沒想到要買什麼古董字畫之類，就說不用了。

「唐卡，是老唐卡，看看沒關係。」

「唐卡？」來藏區之前，只知道唐卡是西藏特有的，也是世界上絕無僅有的民族宗教藝術。想想，反正也沒看過真的唐卡，就讓他進來屋子裡。

藏族男孩一進屋子，環顧四周確定外面無人後，他將房門關上，隨後將緊夾

在腋下那捆長長的東西放在桌面，將報紙慢慢往下捲開。

報紙還沒完全攤開時，就看到一塊還沾有灰塵的紅布，好像裡面滾著東西似的。完全攤開後，可以看見紅布上印著藏紅與墨黑的大花，紅黑相間，倒是符合藏區的顏色。布面摸起來乾得好像火烤過似的，一點都不潮，依稀間，好像還聞到些許的煙燻味。

在紅布塊掀開的盡頭，映如眼簾的是一卷深棕色的麻布，中間有一圓形木棍，兩端嵌有黝黑龜裂的金屬頭，真像是「圖窮匕首見」的那一剎那。他慢慢的往下捲著，展開這卷棕色麻布，發現是一幅長長的畫作，麻布上緣用棉線將一支扁形木棍固定，下緣則以剛剛映入眼簾，有金屬頭的圓形木棍撐著。當整幅唐卡完全展開，才發現麻布是這畫的底布，正面中央畫有手轉法輪印，結跏趺坐（金剛坐）的釋迦摩尼佛，兩旁下面有兩尊直立的菩薩像，四周還環繞著一樣姿勢的小佛像，算一算剛好有兩百尊。在算的同時，也仔細看了傳說中的真實唐卡。典型的慈眉善目，用畫筆勾畫出完美且一致的比例，每尊佛像都是金身金面。

令人印象深刻的倒不是這些描金佛像，而是那覆蓋唐卡的絹絲與陣陣傳來的

藏香。薄到幾乎沒有重量的絹絲上面沾滿了金粉，好像一匹黑底金色的絲綢，雖在底部已經破損數塊還缺了個角，還好絹絲剛好可以蓋住正面中央的大佛。在欣賞這幅畫作時，還不時有濃濃的藏香味傳來，讓人覺得身心無比舒暢。

整幅唐卡只有用非常細的棉線吊著上緣的棉布，看起來很破舊，猜想應該有上百年的歷史了吧，很擔心這些古物隨時有斷裂、潮解和風化的可能。由於年代久遠，這些畫上的描金都已褪色，畫布開始有龜裂的情況，但是依稀可以想像它剛完成時的光彩耀目，與掛在震動人心念咒聲的寺廟內，承受牧民獻上藏香祈祝時的神聖與莊嚴。

看完之後為這幅唐卡照了幾張相。回台北後才發現因為有閃光燈照射的關係，兩百多尊大小佛像都閃閃發亮，彷彿中間大佛後面還有一圈明顯的光環！不知道這幅唐卡從何而來，也不知道它將會流落何方。它可能只是外地收藏家的一幅小小收藏，卻是當地牧民一生的依靠或是幾輩子的牽掛——無論它是供在寺廟或是在帳篷裡。

喇嘛廟

在青藏高原，不管從哪一條路進入藏族地區，首先映入眼簾的，除了藍天、白雲、五色經幡、黝黑的藏族男孩、兩頰暈紅的藏族女孩外，應該就是走在路上穿著黃裡紅袍的喇嘛，還有遠在山腳下的喇嘛廟。「馬背上醫生」基層醫療計畫的訓練基地，就是在平均海拔四千公尺，素有「世界高城」的理塘縣城，城裡的景象就是這個樣子。而縣裡的喇嘛廟長青春柯爾寺，據說是西藏以外康巴地區最大的黃教寺廟。

說到喇嘛教，又叫藏傳佛教。剛來到這裡的時候，還真的不知道什麼是喇嘛教，為什麼在唐卡上面會有各種齜牙咧嘴的圖騰？從小歷史、地理的各種大大小小考試從沒有超過八十分，在執行這項計畫的時候，才開始「行萬里路，讀萬卷書」。

藏傳佛教是印度佛教的一支。古印度佛教傳到中國，一支沿著絲綢之路向東傳到中土，成為大家所熟知的中土佛教；另一支則傳到吐番，混合了當地的宗教「苯教」，成為藏傳佛教。兩者的傳授修行方式各有不同，漸有顯宗與密宗之分。禪宗則是顯宗修行的另一種方式。

上到理塘的第二天，我幾乎都會先到長青春柯爾寺轉上幾圈。說也奇怪，每

當覺得頭痛欲裂時，到縣上的喇嘛廟走上一遭，那濃郁的藏香幾乎都可以明顯的緩解噁心想吐的高山反應。我一直無法解釋這個原因，或許是因為走到廟子大門前的陡峭階梯已經讓人喘到不行，進到廟子後慢慢走、慢慢看，自然而然的就覺得舒服多了也說不定。不過，我還是寧願相信藏香有安定緩解的力量。

長青春柯爾寺是三世達賴索南嘉措於西元一八五一年創建。七世達賴格桑嘉措、十世達賴楚臣嘉措均出生在理塘，並在長青春科爾寺受戒學習。寺廟裡金頂大殿的正中央，聽說有台灣信眾捐塑了一座十九公尺高的強巴佛像。強巴佛乃是釋迦牟尼的未來佛像，在中土佛教中稱為彌勒佛。

廟子裡還設立了一、二世香根活佛的靈塔；而三世達賴、五世達賴的足印則是寺廟的鎮寺之寶。在主殿強巴佛前面離門有段距離處，是一片不止一個人高的空地，經常有藏族信徒在這裡做磕長頭（五體投地）的膜拜。黑色油亮的地面上彷彿可以看到一個金屬標記，就在大佛的正下方。聽說如果帶著天珠站在這裡，就能夠隨著心中的「曼陀羅」與神明做意念的溝通。

大殿裡的光線都很暗，進大門之後，通常以順時鐘方向拜不同的佛。一開始是昏暗的牆壁，好像沒什麼特別。可是用手電筒一照，映入眼簾的竟是繪工非

常好的壁畫，畫著各種佛祖的經變故事。再往前走，在主殿大佛的兩旁，有的是藥師佛，有的是宗喀巴。正中央幾乎都是釋迦摩尼佛，還有本寺過去與現在的活佛像。再往右邊行去有一座很特殊的佛像，有人說那是歡喜佛。

有一年來到這裡的時候，剛好香根活佛在廟子前廣場作灌頂的法事。同行的朋友問道：「你好像不是信密宗的，要去灌頂嗎？」「以前到你家，牆壁上還掛著基督是我家之主的牌子，那你剛剛怎麼拜強巴佛呢？」

這些疑問，在台北也有很多關心這計畫的朋友或病人提到。還有更離譜的，有一天，在台北篤信基督的親戚突然找來說：「你去西藏一定要小心，不要被邪魔所矇蔽了！」

那時候只覺得：「哇！怎麼會這樣子咧？」心裡只想到聖經上不是說過「末世審判的時候，不是由你所說的話，而是由你所做的行為來決定」嗎？只要所做的事出自於善心，別人也因為這個計畫而得到良好的醫療照顧，我想，就算上帝不知道也沒關係。聖經裡不也是有「左手做的事，不要讓右手知道」的故事嗎！

或許，對直接面對病人的醫生而言，只要能深入體會病人的心情，幫他們緩解症狀，也有能力解決他們的問題，那麼信的是什麼宗教都不重要。其實，就算是一般亞洲人在歐洲看到教堂，也會不由自主的沾點聖水點個燈；歐美人在台灣看到廟宇，也會對神明合十祝禱，並點個神明燈之類的，這是長久以來不同文化的薰陶所致。不管哪個宗教，只要能讓人在接觸的時候有平靜安詳的感覺，在心情最低潮的時候，能因此產生正面面對未來的想法，就是最適合自己的宗教。

幾年前在台北準備要上山，剛好有位病人來看病，臨走的時候，問說：「農曆七月，你有拜中元嗎？」

「有呀，醫院或學校方面都會拜的，怎麼啦？」我好奇的問著。

病人笑著說：「一定要拜中元囉，你沒聽過『頭上三尺有神明』和『心中有鬼』嗎？心在身體裡，頭上三尺在身外，所以心中的鬼比頭上的神明還近，所以當然要拜兄弟囉！」

這種看似平凡卻很虔誠的市井小民，經常會在香煙裊裊的廟子裡站在大佛面前合十祝禱，那種專注、期待與認命的神情，是攝影者最喜歡捕捉的鏡頭，卻也往往最令人不捨。

「轉世活佛是真的嗎？」「真有輪迴嗎？」很多人都會問到這些問題。

十四世達賴喇嘛說過：「有生，自然有死，每個人遲早都需要面對死亡，把生死看成必然的過程，而不是終點。我們不知道什麼時候會死或怎麼死，因此在死亡發生之前，我們有必要做些準備工作。」「了解死亡，就是希望『好死』，也就是死得安詳，也必須在心中和日常生活中培養安詳。」

印度大師蓮花生所寫的《中陰得度》，與現代語言寫的《西藏生死書》，其實都是要我們除了慶幸這輩子能因前些輩子的福分，而在今世轉為「人道」之外，也要知道死亡並不意味著終結，而是往生到另一輪迴吧。

想像由大氣層外的太空俯瞰那麼美麗的地球，有深藍的海，有大地的黃，再想想看，目前科技所達之處，除了我們存在的地球之外，好像還沒有找到有「人」的存在，我們是不是應該很慶幸這世能成為六道輪迴裡的「人道」，而不是「畜牲道」或「惡鬼道」。這麼一個無所不在無所不能的上天，竟然會選擇給我們這麼美好的人身，留在這麼美好的地球，做一個「人」能夠做的事。我雖然不能預測下一世會留在六道輪迴裡的哪一道，但深深知道珍惜今世成為人道的幸運與幸福。

在這天地有情、人間有情的現世裡，我寧願相信真有輪迴，因為如此，才能在下幾輩子，與今世所愛的人、有緣的人，在來世尋找今生「曾經」的印記。

佛龕下的祕密

每一年上山，由康定經雅江直奔理塘縣城，在越野車繞過許多海拔四千公尺以上的高山之後，如果一路順利沒有爆胎引擎失靈的狀況，轉過最後一個彎道，約在傍晚時分，一條蜿蜒的路伸向一片河谷地形，理塘縣城就出現在眼前。知道快到了的感覺，很快的壓過高山反應所帶來的頭暈與頭痛；但是面對未來近兩、三週的高原日子，還是有點忐忑不安。

熬過第一個半睡半醒的夜晚，頭痛得像是孫悟空戴著被唐三藏下過咒語的頭箍，隔天早上一定是到理塘縣最重要的寺廟長青春科爾寺去拜訪曲批活佛。長青春科爾寺的坐床住持是香根活佛，曲批是他的弟弟。香根活佛經常主持法事；曲批因為有政務，經常外出替長青春科爾寺募款，對「馬背上醫生」基層醫療計畫非常的支持，於前幾年才正式坐床為曲批活佛。而廟子裡大大小小的事務，則是靠人很和善的年長喇嘛阿克登增來統籌執行。

剛到藏區的時候，總覺得很奇怪為什麼喇嘛廟都蓋在山坡上，而且愈古老的廟子愈蓋在山頂，愈近代的廟子愈蓋在山腰或山腳下。我想，可能是以前的修行者以苦行為主要的目標吧。長青春科爾寺就是在山腰上，由縣城招待所到寺廟約莫五至十分鐘的車程。

香根、曲批活佛仍與其母親住在寺廟旁有個大院的房子裡，房子外邊有馬尼堆、經輪和經房。每天清晨與傍晚，總有許多牧民會到經房裡，左手搖著小經輪，右手轉著大經輪，邊走邊念著經文，繞著廟子順時鐘轉上好幾圈，最後向廟子雙手合十拜過，才心滿意足的離開。

訪視過活佛一家之後，阿克登增帶著我們從長青春科爾寺主殿開始，一五一十的說著這一年來的工作進度與成果。看著他露出結實黝黑的膀子，將衣袖披掛在寬廣微凸的肚子上，總是笑瞇瞇的臉龐，看起來真像是一尊心寬體胖的彌勒佛像！

當阿克登增幫我們開了佛殿的大門後，一開始因為大殿裡的光線昏暗，幾乎都看不到裡面。每年來到理塘縣的廟子，就好像來探望許久不見的朋友——一年不見了，不知大家過得好不好呢？連廟子裡供奉的大佛也不例外：去年剛貼的金箔完成了沒？前年開始的壁畫修復工程進展到什麼程度？甚至與年年都來廟子參拜的牧民老鄉都熟稔了，也會問到最近眼睛好點嗎？關節痛是否還是一如往常？感覺到這廟子除了敬佛以外，還是有許多人情世事需要關心與關懷。

可是引起注意的倒不是眾多的信眾，而是這些年來總是在大約我們上山來的同時，所看到的同一對男女。在我們順時針繞著大殿強巴佛的時候，男的就從

手上的袋子掏出一個塑膠袋，裡頭裝了大約一碗公的酥油，將之放在大佛前面的桌子旁邊，雙手合十，恭敬的拜了一拜；女的在拜完之後，將手上的酥油捏好，小小的像朵玉蘭花的酥油花，擺在火焰隨著外面吹來的風而搖擺不定的酥油燈旁，就往大佛那裡走去。由於坐姿的大佛約有三層樓高，人們都只能由祂的腳前通過。有些信眾會在這裡仰望大佛或口念經文；而這對男女幾乎都匆匆轉過大佛，在佛的左手邊靠門的地方，駐足在一尊歡喜佛的面前很久很久。

歡喜佛是一種印度與藏傳佛教特有的佛像，以一男一女面對面擁抱的姿態為特徵，又稱雙身佛、歡喜天、大聖歡喜天等俗名。男的叫作金剛，代表陽性、金剛界和慈悲等方便法；女的叫作度母或佛母，代表陰性、胎藏界和智慧法，兩者皆是佛家修行中之重要法門。由於源出於印度，加上傳授之道非常隱密，且牽涉到雙身修行的方法，讓不了解實際狀況的教外人士多有微詞。

注意到他們倆的時間差不多在計畫進行到快十年的時候，歡喜佛也是那時候才新塑好的。印象中好像前兩年還沒有被玻璃框櫃圍住，只有多條白色的哈達飄掛在歡喜佛的肩上。一直到某一年的夏天來到廟子裡，想為阿克登增拍這些大佛的照片，說是回台北後做成壓克力的雙面掛飾，再帶回來廟子裡開光後，可當作與牧民結緣之物。當拍過正中央的強巴佛，轉到要拍歡喜佛的時候，就發現那似曾相識的一男一女靜靜的站在角落，沒有祭拜儀式也沒有獻上哈達，甚至那女子還會撫摸這尊佛像玻璃外框的左下角，嘴裡喃喃的說些什麼，好像佛龕下有著不能說的祕密。

不敢也不忍在這時候去破壞這麼寧靜特殊的氣氛，直到男子嘆了口氣，從褲子裡掏出一張看起來面額不小的幣紙，投過及肩的玻璃櫃後面，看著紙鈔飄下那神祕的左下角，女子舉起右手在唇上印一下，輕輕的碰觸著玻面，彷彿正與裡面的神祕物道別，而後轉頭消失在幽暗的邊門後巷。

往後的幾年，幾乎只要在廟子裡碰到他們，就一定會看到這熟悉的場景與氛圍。沒有儀式沒有祝禱沒有點燈沒有哈達，只有輕輕的嘆息與不捨，不捨的是永別似的離情，與玻璃後面無盡的眷戀。

「你知道他們為什麼年年來這裡？」終於在一次與阿克登增在歡喜佛的前面，問了這個埋藏心裡已久的問題。

「他們是外地來的，只要是特殊的日子或作法事的時候，都會帶些酥油來添香火。」阿克登增笑笑的說：「聽說他們的孩子在幾年前因意外不幸往生了，這些日子對他們都不好過。不過去年他們打過卦，說孩子已經轉世到本縣的一

個好人家，那孩子還託夢跟媽媽說要她不要擔心，能夠轉世總是好的，不是嗎？」

「那跟這尊佛像又有什麼關係？」我摸著那女子經常觸碰的玻璃左下角，嘗試墊起腳尖看看玻璃裡面有什麼東西那麼神祕。可是只看到滿滿的五角、一元、五元等小額紙鈔，無法見到底下。問阿克登增，他還是一古腦兒笑著，活像一尊開心的彌勒佛，告訴我什麼都不要煩惱，就讓它過了吧。

終於在一年夏天又在廟子裡碰到這兩位牧民。雖然還是不敢破壞這寧靜獨處的氣氛，卻看到那男子在獻上酥油之後，將手上幾顆黑黑的珠子往歡喜佛的玻璃後面丟下，剛好落在那玻璃櫃的左下角。「那不就是神祕佛龕下的祕密嗎？」我欣喜若狂的好像找到了數年來無法解決的癥結所在。

「那是什麼東西？為什麼放在裡面呢？」我小心翼翼的緊隨著將要離開的男子，鼓起勇氣問著。

「沒事，是家人出意外的時候手上帶的珠鍊，有些放在毛啞壩上曲登下面，有些就放在這裡，想讓他走得安心吧！」那男子一邊輕撫著放在手掌上的珠

子，一邊看似平常的說著。

那是透明亮麗，裡面有著黑色絲紋的珠子，後來才知道那叫作「髮晶」。黑色髮晶又稱為領袖石，戴著可增加領袖魅力，讓部署向心力加強，避邪化煞、吸收病氣，成為有效的護身符。我拿起一顆珠子極力的迎向廟子上頭，透過窗戶灑下的陽光，想要找到黑色髮晶裡的精靈，可是沒找著。

我鼓起最後的勇氣想要得到最關鍵的答案：「那為什麼要放在歡喜佛這裡，而不放在最大的那尊強巴佛那裡？那是釋迦摩尼佛耶！」

「喔，因為那裡是最尊貴的，人人都會想要到那裡拜祂。如果放在那裡，我們就無法站在那裡太多時間。我們是一般人，所求不多，放在這裡我們就能在這裡待很久很久，就好像跟他在一起一樣，我們可以一直陪著他……」

若說「放手」是成全一段前塵往事，才能迎向未來；「眷戀」則是不捨一頁過眼雲煙，那麼是否眷戀更合乎人性呢？我們何其有幸在今生修成六道中的「人道」，在這人間有情的現世裡，活在當下，珍惜塵緣，哪管下輩子輪迴到何世他道，至少在現世已不虛此行。

消失的彩虹

文明的烈焰
一如隆冬的北風　掃過
那毫無防備的青藏高原
花兒謝了　草兒黃了
風兒也不再為你念經
厚重雲層之上　不見
那晴空下已然成形的彩虹
極風呼嘯而過
凍原瑟縮等待

你不必訝異
也不用為我擔心
當
三月的春雪初融
五月的蟲草新見
草壩上的風
將再為你念經
移動帳篷的梵音
為你訴說
每一段風裡風外擦肩而過的故事
……

煮不熟的水餃

在「馬背上醫生」計畫執行之後，我們到處訪視各鄉各村的村醫，看有什麼需要或可以提供什麼建議。當地衛生局的人員包括州裡的噶洛局長、縣裡的李局長、康師傅、桑多老師、馬海老師等等，都很熱心的來幫忙。

「尼瑪，這是台灣來的朋友，要做培訓計畫。」剛進到毛啞壩邊的鄉村醫生家後，李局長很熟稔的介紹去年剛結業的藏族村醫。尼瑪的媽媽是個藏醫，替附近的牧民盡了很多心力，尼瑪也從媽媽那裡學到很多，有這個培訓的機緣，尼瑪當然不會放過，也很認真的學習。

「康師傅，他們用什麼消毒針頭？有什麼機器可用嗎？」大概是學醫的關係，碰到新的事物都會從醫生的角度去評量。我悄悄的問康師傅。這個康師傅當然不是泡麵的康師傅，但是幾年後他在理塘縣城開了一家小雜貨店，店裡就有賣康師傅泡麵！

康師傅最不可思議的就是他的特殊體質。他是漢族，可是與藏族通婚之後在理塘縣衛生局服務，一年之中大多時間待在高原上。跟他一起吃飯總覺得他快中風了，因為他可以吃下一大盆的四川麻辣火鍋，加上每日一瓶高度數（酒精濃度大於百分之五十）的白酒或是接近半打的啤酒，但身體卻一直很健康。

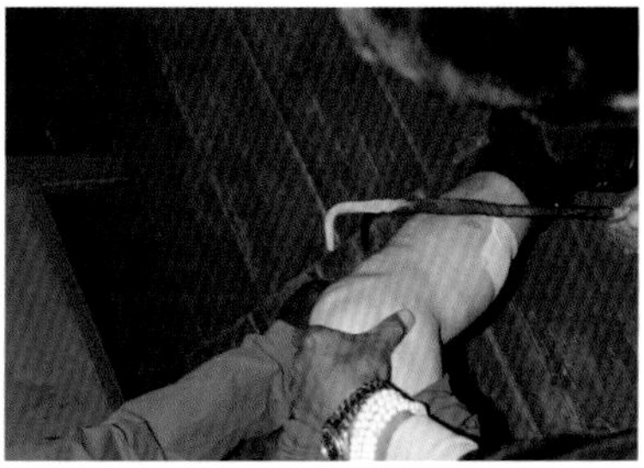

一個摔下馬的牧民躺在鋪著衣服的地上，右腳踝露出明顯可以看到如碗口大的傷口，憂愁的臉龐對我們勉強擠出一絲苦笑，縣上醫師說要截肢，他沒錢也不想截肢，只好求助於鄉村醫師。

問他為什麼可以這樣，他總說是因為高原氣候的關係。計畫剛開始時做田野調查，要訪視理塘縣的各鄉各村。有一次早春，他和另一位同事因小北京吉普車拋錨，兩人被困在下著大雪的荒郊野外兩三天，差點凍死在小北京車裡。

「還好我有喝白酒，身體還撐得住！」康師傅在脫困之後，很自豪的跟我們嗆聲！

在康師傅的陪同下，看了一下鄉村醫生尼瑪臨時看診的地方，他剛好在幫一個牧民針灸治療。扎完針之後讓病人躺下休息，同時又看了另一個病人，一邊摸著他的膝關節，一邊用藏語問著話。在問話當中，還將一支前端呈L型的焊鐵放入火塘中。

「這老鄉關節壞了，天一冷就痛，待會兒用火灸來治病。」尼瑪怕我們不了解，還拿起焊鐵在空中揮了幾下。不一會兒，他看了火塘上的鐵條前頭有點紅，就讓牧民側躺著。他隨手拿起身旁的小袋子，用右手的手指沾了沾袋子裡的東西，然後隔些距離，一點一點沿著大腿外側點成一條線。

「那是什麼？點在哪裡？」還沒待尼瑪說出口，我們就先問了。

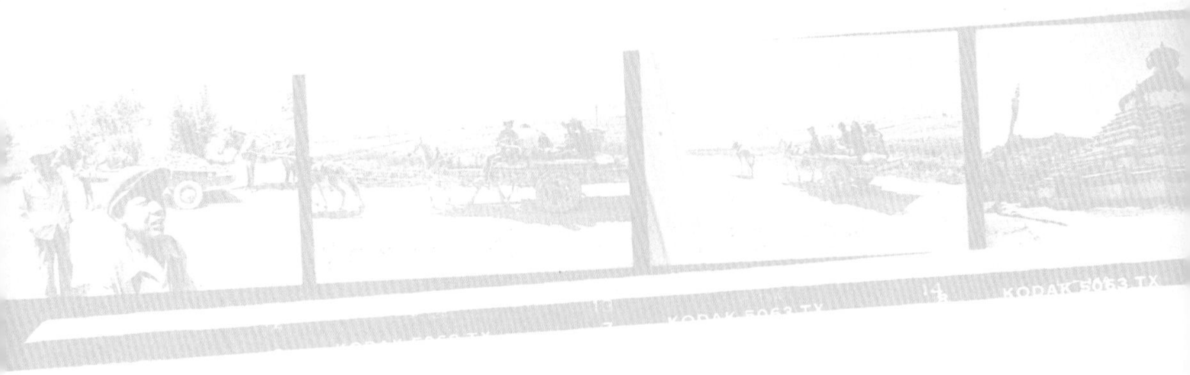

「袋子裡裝的是青稞粉，用手指沾了青稞粉點在穴位上。」還沒來得及繼續問下去，只見得尼瑪從火塘裡將燒紅的焊鐵沿著剛點過青稞粉的地方順序點下去，時間很短，可是明確的可以聽見「ㄘ」「ㄘ」「ㄘ」烙鐵燒灼在皮膚上的聲音，看得同行伙伴都瞪大眼睛，一付不可思議的樣子。這輩子可是第一次看到沒有「艾草」的火灸療法。根據藏醫的聖經《四部醫典》中描述，火灸可說是藏醫醫療的一大技術，據尼瑪說，他看到一個病人因為找不到醫生，家人自行在她背上前後共燒灼了八十個點，說是要治療慢性咳嗽。這種錯誤使用醫療行為的文化，更加深了「馬背上醫生」醫療計畫存在的必要性。

剛剛經過那一幕有點恐怖的灸療，正在驚魂未定的時候，又看到一個鐵盒裝了鐵的針頭和玻璃針筒。旁邊還有一個像是酒精燈的東西，說是要燒開水、滅菌用的。

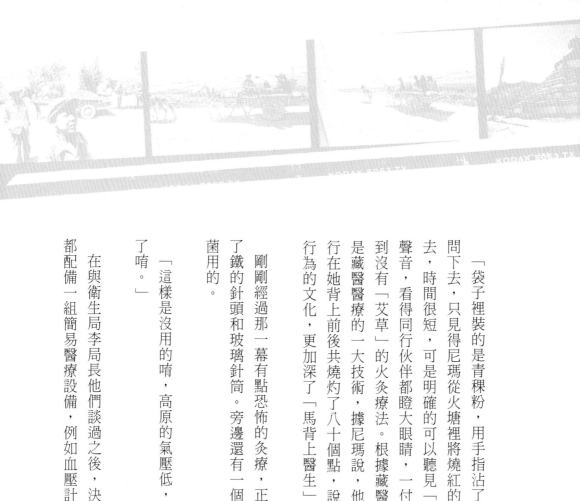

「這樣是沒用的唷，高原的氣壓低，水的沸點很低，大約六、七十度就煮沸了唷。」

在與衛生局李局長他們談過之後，決定在每一期培訓結束後，每個鄉村醫生都配備一組簡易醫療設備，例如血壓計、溫度計、紗布等用品；除此之外，還

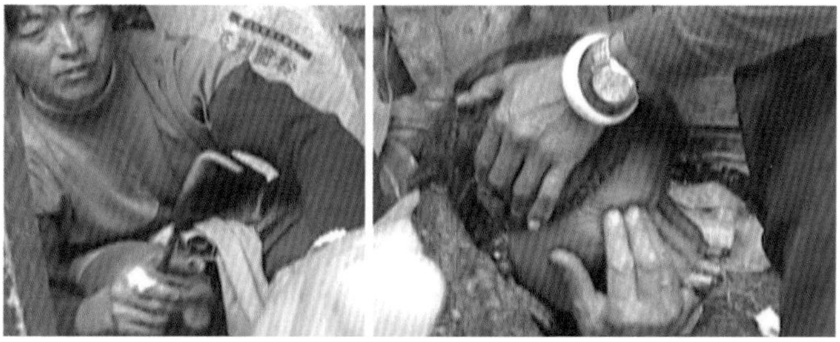

加上一個高壓鍋讓他們帶回牧區，就能隨時消毒打針注射的器械。

隔一年的夏天，匆匆的將臨床事務告一段落，就與衛生局的大伙到鄉村醫生家訪視一年來的受訓成果。一路顛簸加上早起和高山反應，中午到達格木鄉鄉村醫生區達家裡時已經餓得發慌。

「咕嚕，咕嚕」，進到屋內只聽到「氣」在鍋子裡翻滾，碰到高壓鍋蓋子所發出來的斷續聲響，似乎快要消毒好了，忙著問區達說：「在消毒針筒嗎？等一下有牧民來打針嗎？」

「沒有呢，這是在煮水餃啦。以前沒有高壓鍋的時候，我們用火塘烤火煮水餃，結果開水滾了好久好久，水餃裡頭餡兒都還是冷的，這高壓鍋在這裡還挺好用的。」區達不慌不忙笑著說。

我聽完之後，笑得差點岔了氣。想想：「嗯，這樣還不賴，一般開鍋消毒針筒針頭只是偶爾需要，可是喝水吃飯可是天天需要的事；更何況一件物品能夠在這裡發揮很多不同功用的話，也可以節省很多資源。」

「你們那裡會不會用一次性的針筒？這樣子就不用消毒啦。」衛生局的李局長看著我問，一次性針筒就是可拋式的針筒，通常是塑膠做的。

「對呀，這樣是很方便，可是要從成都拉上來可能會貴很多。」「不行啦，用完之後小孩子會拿來玩的。」

突然間很多人都提了他們的意見，也希望我們能給予這方面的協助。可是一提到針筒、病人、小孩子，我的腦海裡就出現了國外沙灘上廢棄針筒的畫面，可能都是嗑藥吸毒者隨手丟棄的，更何況塑膠是千年萬年不壞的材質，一旦讓這些東西傳入高原，那美麗的高原上不就被汙染到千百年無法復原！台灣以前也是用保麗龍當作丟棄式碗盤，直到最近才慢慢改回用金屬碗筷，達到環保的目的。

「計畫設計與執行，資金注入與分配，經驗提供與分享」，可說是「馬背上醫生」計畫的主要目標。那一年開始，我們的決定讓美麗的青藏高原跳過台灣過去的經驗，直接進入綠色環保的實施。幾年來，草壩上都沒有看到小孩子玩著針筒或被針頭扎到，心底升起一種由衷幸福的感覺，而這感覺還不賴呢！

罕見的疾病——氟骨症

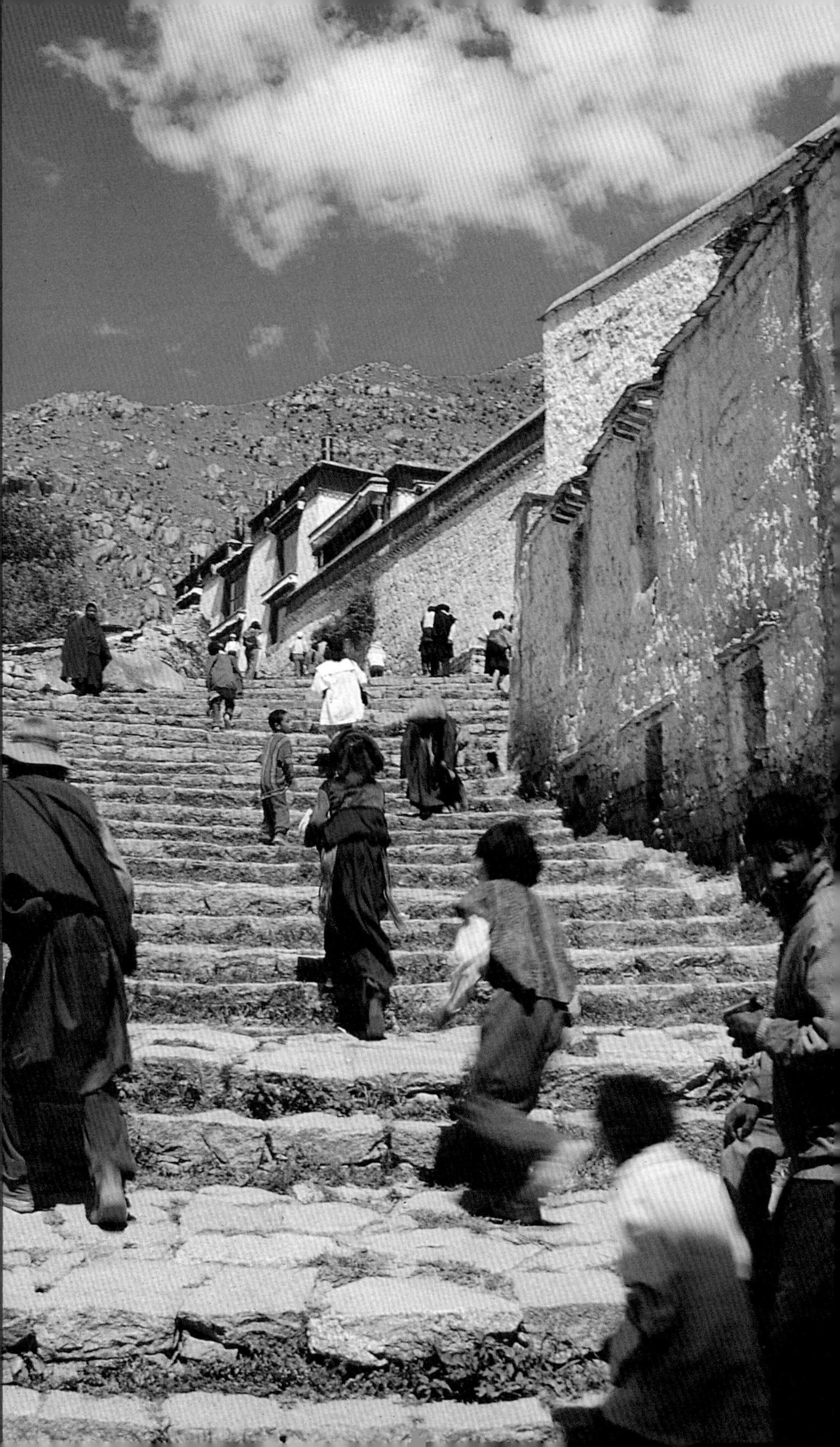

有一年在台北接到一個電話，說是邀請我去參加一個「文化與健康」的座談。心想大概是因為做了「馬背上醫生」的醫療計畫，比較了解藏族文化，加上以一個外科醫生的角度來看看文化與健康的相關性，應是滿恰當。

記得剛到西藏，看到藏人手轉法輪、磕長頭、轉神山等文化習俗，曾嘗試著以醫學觀點來解釋。其實青藏高原地處高寒，四肢經常受到寒冷的侵襲，關節容易僵硬。如果能經常活動各個關節筋骨，例如轉法輪可活動手腕，磕長頭可活動全身的關節，倒不失是一種民族維護自己健康的好方法。

從未與中國大陸學者在台灣面對面討論「文化與健康」的議題，一直到遇見了湖南的「曹健」教授。

那次見面是在台北的紫藤廬，討論茶文化裡面摻了飲食添加物的影響。找我的原因大概是「馬背上醫生」醫療計畫中，我們發現藏族喜歡喝茶。可是如果在茶中加入白土就會造成「氟骨症」，影響藏族的健康，而曹健教授就是中國大陸地區研究氟骨症的知名專家。

記得那天在紫藤廬，有個坐在我身邊的人悄悄的問我：「喝茶怎麼會造成這

 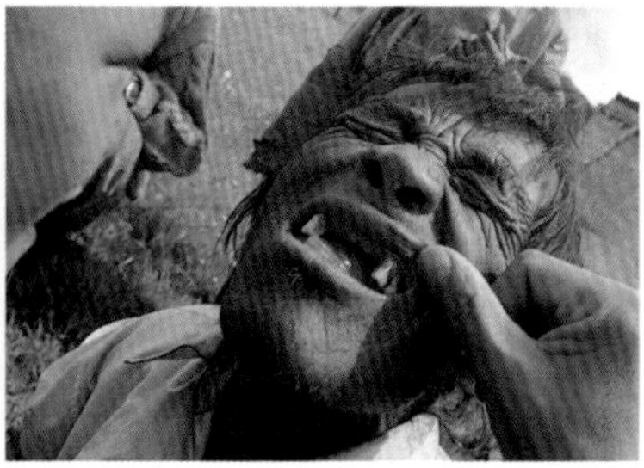

麼嚴重的疾病？我們喝烏龍茶或是普洱茶會不會不好？」我也很小聲很小聲的對他說：「不會，因為我們的茶不加白土。」

其實知道白土也是在執行醫療計畫的時候，發現甘孜藏族自治州當地藏族有很多關節的病變。剛開始以為是因為地處高原，天寒地凍的很容易造成關節疼痛。後來從《理塘縣志》發現白土是溫泉區主要的地質產物。理塘縣可分八區，其中五區（奔戈、禾尼、曲登、村戈等）約有二十多處溫泉出露，以碳酸泉為主。溫泉附近的地質沉澱物白色呈鹼性，又稱「白土」。

早期進行醫療計畫的時候，交通非常不便，當地的物資也非常缺乏，溫泉區設施幾乎都是露天的，經常從前面牆壁可以看到後面草壩的天空，非常簡陋。因為是小本經營，溫泉區的老闆都會用有紅色色素的藥水灑在泡過的泉窟，當作消毒之用。

有一年在跑完好幾天訪視探查鄉村醫生的路程過後，回到理塘縣城已經很晚了。累到不行的大伙一聽到有人說「要不要去泡溫泉？」就呼應著往還有一大段距離的溫泉方向走去。一路上滿天星斗，那些獵戶、牛郎織女、金牛、天狼、銀河等有名的星座都被無名的小星星搶盡鋒頭，乍看之下，真的有點像在

太空艙中，神遊著窗外無垠的星際蒼穹。

摸黑進到只有泉水聲的個人溫泉窟，望著頭頂上滿天數不盡的點點繁星，心中充滿了浪漫的情懷。可是面對漆黑的空間有點擔心害怕；再加上想到要露天泡湯，哭笑不得、不知如何是好的情緒，讓人杵在裡面好久好久。最後，記得那次好像沒有泡就出來外面看星星。等了許久之後，同伙的人才陸陸續續出來，輕鬆的一路走回縣城。

「咚咚咚」，「邱醫師……」隔天早上還來不及吃早餐的時候，就聽見有人著急的敲著門說他的手指腳趾指甲全都變成紅色，怪可怕的！他還露出腳，張開十個趾頭給我們看，看起來像是紅色怪物！原來是消毒用的紅色藥水留下來的，據說回到台北，好幾個月也洗不掉呢！

為了了解白土的作用，查遍了各種資料，還是在當地的書籍看到最重要的一部分。根據理塘縣《地名錄》記載，溫泉區群眾常去溫泉掃白土用來熬茶；牧民趕牛羊飲溫泉水後，則能增食、滅菌，達到壯體催情配種的目的。

由於藏族好客，經常以茶招待客人；而牧民使用的茶葉大多是由雅安進來的金尖磚茶，多是用粗老葉製成。葉片愈粗老，則氟含量愈高；而磚茶的氟含量是普通紅茶、綠茶、烏龍茶的幾十倍甚至上百倍。可是牧民經濟情況不穩定，因而會在酥油茶中添加白土，使茶湯更加濃香可口。這種白土類似白色粉末鹼，又稱泉華或石灰華，氟含量極高。酥油茶加上白土時，所浸出之氟含量約為不加的一點六倍。如果長期暴露在高氟飲食下，會造成氟中毒的氟牙斑及氟骨症。

氟牙斑是附在牙齒琺瑯質上不規則、黃白色的斑點，多發生在牙齒發育期（青少年時期）高氟飲食之患者。氟骨症則是因長期的高氟飲食所造成的骨硬化、關節疼痛及活動受限，經常有O型腿或是看起來像是兩手半舉投降的姿勢，多發生於成人。

根據理塘縣流行病調查，發現氟牙斑或氟骨症在溫泉區（禾尼鄉、奔戈鄉）多於非溫泉區（君壩區）；藏族小孩多於漢族小孩；加白土比不加白土的家庭病例多。這種因飲食添加物所引致的高氟症，經曹健教授長期追蹤調查，發現四川西北、青海藏區、西藏的藏族人群、甘肅蒙古族、裕固族、哈薩克族人群，由於經常喝磚茶，所以罹患磚茶型氟中毒並不罕見，但是在國際上卻未見報導。

在了解生活習慣與牧民健康息息相關之後，積極向牧民宣導添加白土的壞處，成為基層醫療的主要項目之一，並期望幾年後能夠得到明顯的改善。

那次在紫藤廬與曹健教授會面過後，就沒再遇見他了。但是有一年，我們由川藏南線進入到川藏北線的道孚縣附近村子訪視，因為聽說曹教授的團隊已經與產業界合作，加上台灣知名宗教團體的資金投入，開始製造「低氟茶磚」來提供藏族日常飲茶生活所需，所生產的茶磚先在這個村子試行，看藏族是否能接受低氟茶磚打出來茶的味道，結果是令人滿意的，因為大多數的藏民並不覺得低氟茶磚的味道會遜於傳統茶磚。雖然無緣參加此類似的計畫，但是對曹教授他們對以飲茶為主要生活習慣的藏族或其他少數民族能付出這麼多的心力，還是由衷的佩服與尊敬。

挖蟲草的女孩

若說「人蔘、貂皮、烏拉草」是東北三寶，那麼西藏的三寶就是「天珠、密宗和蟲草」。

在「馬背上醫生」醫療計畫開始執行之後，有一年為了避免碰上賽馬節不容易訂旅館、招待所的情況，而提早於六月底就上山。結果在野外訪視的時候，常常聽到牧民說鄉村醫生前幾個月不在，因為去挖蟲草。

「蟲草到底是啥東西？有效嗎？」近年來一直幫基層醫療計畫執行下鄉訪視，也是司機師傅的鄧珠，有一次在開車的時候問我。蟲草，其實就是「冬蟲夏草」的簡稱，因為屬於真菌類的植物孢子，在夏天被璘翅目蛾的幼蟲吃到肚子裡，可是因為天寒地凍，幼蟲過不了冬天而死亡，於隔年春天四、五月開春之後，孢子破蟲體而出，長成黑黑的葉狀體（又稱子實體），成為冬天是蟲體，夏天是植物體的「冬蟲夏草」。據說，青藏高原蟲草品質屬於極品。剛執行醫療計畫初期，一對（兩根）蟲草是一美元，大約新台幣三十五元。

「它冬天是蟲，夏天是草。」為了怕鄧珠聽不懂，就簡單的說了一些蟲草的確實知識。

「那為什麼在成都很多店裡都將蟲體綁上紅線，還說紅線不能打開或打斷，以免蟲草精跑掉？」

「因為蟲草的買賣是依據重量決定價錢，所以有些不肖商人會將鉛線、牙籤塞到黃色八對腳的蟲體上；而綁上紅線就可以避免鉛線露餡。最近還聽說有利用石膏打磨成蟲體的假貨呢，主要的原因還是蟲草不易採摘。」

為了讓車上的同伴更了解蟲草的療效，我還特別告訴他們蟲草是「平補而不是強補」的藥材，相關研究已經確定用水萃取的蟲草抽取物有保護腎臟的功能，用油或酒精萃取的蟲草則有潤肺的功能。由於蟲草生長在海拔四千到四千五百公尺的雪線上，因此採擷不容易，價格近年來飆到一公斤幾乎十幾萬人民幣。

有一次在講解「馬背上醫生」的紀錄片時，播放許多藏族婦女趴在海拔五千公尺以上的高山上尋找蟲草。天上下著冰雹，地面上有未融的雪，她們匍匐在雪地上盯著地面，尋找著稀世的珍寶。這一幕，讓人想到一個藏族的年輕女孩——志瑪。

天上下著冰雹，地上有未融的雪，藏族婦女趴在五千公尺高原的草壩上尋找蟲草。下圖為由「馬背上的醫生」紀錄片中擷取的畫面。

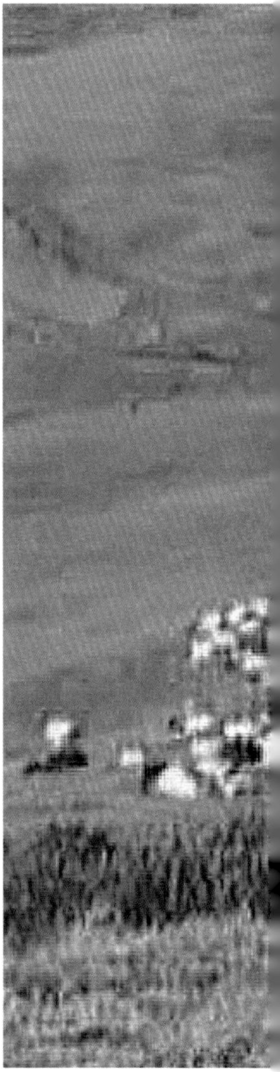

第一次聽到志瑪的名字是在台北的電腦前。電子郵件傳來志瑪的個案，請示如何處理。當時，「馬背上醫生」醫療計畫除了初訓及複訓基層醫療人員外，還加上對少數亟需救助的個案進行援助。而個案的病情評估，可以不用等到隔年再決定，由電子郵件傳來的資訊可先做初期的評估與決策，這種方式在幾年前網路還不發達的時候是不可能的。

信中寫著：「家住中木拉鄉的志瑪，一到春天，除了手指部位以外，膝蓋以下的部分都出現數塊焦黑，還會流膿，讓她困擾不已。院方建議家屬去打卦，再決定動不動截肢手術。」附檔還傳來志瑪照片，雖然看起來傷口狀況還好，並非有截肢的必要。但是在高原上資源不足，經常連換藥的費用也不是藏族牧民所負擔得起。所以為了短時間內能得到好的醫療效果，截肢會是醫生建議病人的一種選擇。但畢竟病人家屬無法決定如何是好，所以經常以求神問卜的打

卦當作最後決定的關鍵。

在全盤了解志瑪的發病情況，仔細評估照片與病情，加上遠距醫療溝通之後，當下的決定是「以不截肢為主要目標，盡量幫助志瑪在縣立醫院或下山到康定州立醫院醫治」。沒想到這個來自台北審慎卻堅定的決策，卻成就了一個四肢健全且能在高原上獨立謀生的「挖蟲草的女孩」。

本以為應該會拖延一年的療程，卻在當年年底就從電腦那端傳來了數頁病情摘要。還記得那一晚看著印表機印出來的病歷資料，模糊的簡體字跡，卻有著明確且令人非常高興的字句。志瑪被送到州立醫院做更進一步的診斷。經過一系列檢查，確診為骨結核後，她接受了數次的清創手術，終於保留了手指與下肢。不到一個月，就帶著國家項目配給的藥品，回到理塘縣中木拉的家中繼續休養。

隔年我特別到中木拉去看她。車子剛進村子，遠遠就看到在一個很陡的斜坡上，有一位藏婦向我們的方向揮手，並慢慢的走下坡來。

「那位可能是志瑪的媽媽。」已經幫忙我們很多年的藏族司機師傅鄧珠一邊開著車，一邊指著山坡上的婦人。等車子接近斜坡下，藏婦後面跟著一個年輕的女孩，一步一步的慢慢走下靠近我們的車旁。

「這位是志瑪，那是她媽媽。」鄧珠一下車就忙著介紹他們，還聊了幾分鐘。鄧珠告訴我們說：「她媽媽說志瑪已經好很多了，起碼手腳不會再流膿，大概再過幾個月就能幹活了。她剛剛一看到你們的車子過來，就急著要下來接你們。」說完沒多久，就看到志瑪挽著去年經常來看她，我們基層醫療工作人員的手臂，慢慢的走上坡去。

「嗯，到了，這是我家。」這是兩間比鄰的簡單木造房子，其中一間樓下還圈養著牲畜。志瑪帶著我們爬非常陡的梯子，上到昏暗、有著夾層的二樓，只有兩束細小的光線照亮屋子。在這狹窄幽暗的樓層，讓人不禁有點喘不過氣來。我忽然懷念起那空曠高原上沁涼的微風，然而卻被樓下陣陣撲鼻而來的牲畜異味打斷。

志瑪很開心的讓我們看她的手腳，雖然還包著紗布繃帶，口氣卻是滿懷期望的：「醫生說今年會好的，這樣的話就能趕快去工作來幫忙家裡。聽說這幾年蟲草價格特別好。」經過鄧珠的翻譯，志瑪的媽媽告訴我們：「謝謝你們幫

忙，要不然志瑪手腳一旦切了、瘸了，不知道怎麼維持這個家呢。」

或許是空間太小有點悶，竟有點昏沉沉的想往室外空曠的地方跑去。不過由於過去學過結核菌喜歡在密閉環境裡傳染，最後還是請他們到室外向他們說明空氣流通、居家環境改善、甚至人畜不要共生等觀念的重要性。另外還請當地的鄉村醫生有空多來這裡看一下，並建議他們請衛生局的人來指導如何改善環境衛生。在想留卻不敢待很久的心情下，鄧珠發動了越野吉普車，道別了志瑪的村落。當車子轉過一個彎，完全看不到斜坡上還對我們揮手的志瑪一家後，鄧珠一面嘆著氣一面說著：「這村子還有很多這種病人呢。」

那一年回台北之後，經常會想到志瑪現在不知道怎麼樣了……

秋去冬來，四季更迭，時間又過了一年。隔年一上到理塘縣，就預定到中木拉鄉去看看志瑪的情況。路上聽說這些年來蟲草的價格特別好，也就是特別貴的意思，可惜我們去看志瑪的時候她不在家。她母親一邊指著山的那一邊說：「志瑪去挖蟲草囉。今年價格特別好唷，因為她年輕，眼睛好，看得比別人仔細，挖得比別人還多，替家裡增加了很多收入。」

「她挖的蟲草一年大約能賣多少錢？」我們很好奇的問著。

「去年挖了六千多塊呢。」志瑪的媽媽一邊說著，一邊走向已經重建過的屋子。新蓋的兩層樓看樣子通風多了，也將牲畜圈養在另一個地方。那一天，我們待在她家聊了許久。

回到台北，我好奇的看一下志瑪的全部醫療費用，大約只有兩萬人民幣吧。望著先前說要截肢的信函和自己斷然的決定，腦海裡浮現出十幾個牧民趴在五千公尺高山上的畫面，下面有微薄的冰層覆蓋在溼冷的草甸上，頭頂上偶有疾如雨下的冰雹，一顆顆打在身上、地上。他們匍匐在地面慢慢的往前推進。

懵懵中，我彷彿看到志瑪那雙年輕銳利的眼睛專注著前方短短的枯草，在廣大的草甸上尋找那一小截有如枯黑金針花的蟲草。她用前端尖尖的鏟子小心翼翼的鏟入花莖底下，再將整株還帶著周邊雜草的土塊撬出地面，一邊將半濕半乾的泥土撥下，一邊用拇指和食指將黃色的蟲體和黑色的植物體輕輕的拉出。此時，覆著微霜的睫毛下的眼睛是發亮的，微揚的嘴角則泛著滿意的笑容……

那一夜我睡得很好，夢中沒見到志瑪本人，她卻留下了一張字條：「你們雖然不能給我另一個生命，卻讓我在往後沒有殘缺的人生中，開啟了另一篇美麗的樂章，謝謝你們！」

藏藥與阿克登增

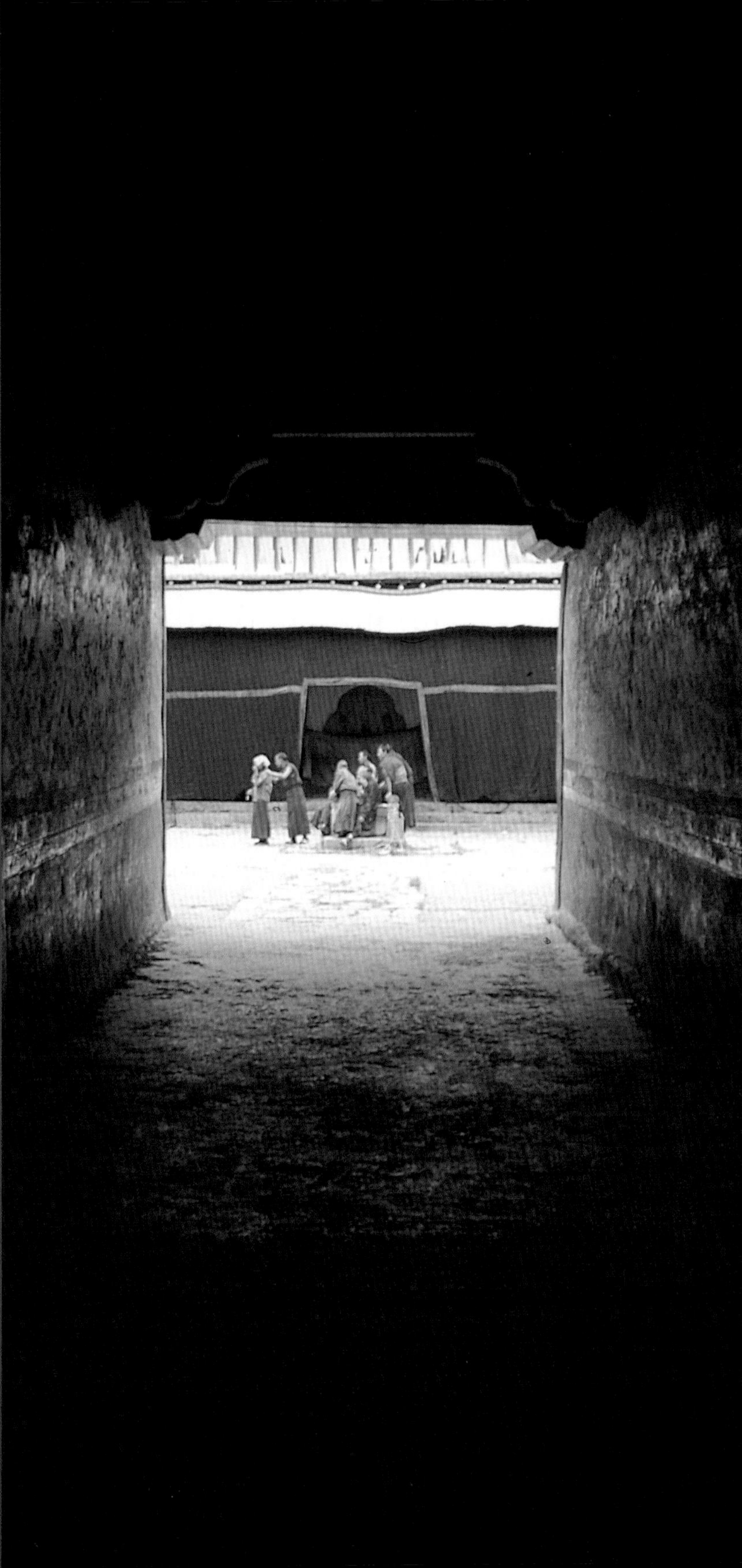

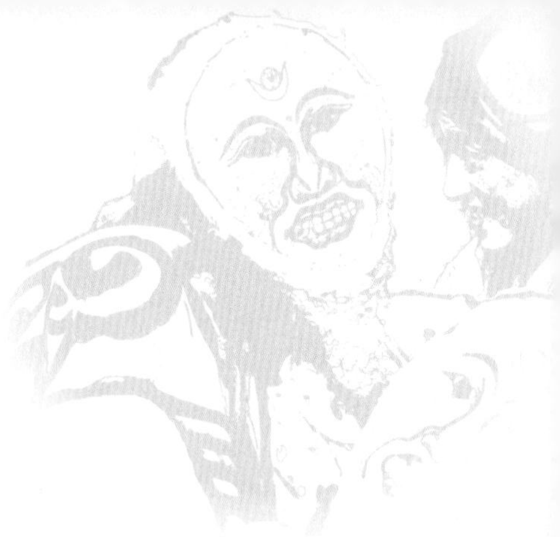

西藏，永遠給人一種神祕、無法接近的感覺。不只是地處高寒，也因為是宗教的關係。

這些年來在藏區草壩與山溝頭之間訪視鄉村醫生，也看了很多喇嘛廟，一開始總是不知道為什麼叫作密宗，後來才知道他們傳授教義的方式，不像中土佛教是一對多的方式，也就是上師對眾生傳授教義，又稱顯宗；密宗是一對一的傳授。仔細想來，台灣眾多的佛教上師如此，連電視上的葉教授，也是顯宗傳授的例子。

除此之外，另一個令人覺得很神祕的原因，就是藏藥的祕密。

具有完整理論及長期實踐經驗的藏醫有著悠久的歷史、豐富的內容和理論。一般可分為基礎理論、人體生理、診斷疾病方法、防治疾病原則和治療疾病方法等。藏藥的採集與製作，自古以來都有可遵循的方式。藏藥幾乎都是複方成分，也就是由很多種東西混在一起炮製而成。其中成分除了藏區特有的高寒植物、野生動物、礦物外，還有些像燒過的灰、人骨等都可以入藥。「珍珠七十」就是有七十種成分，「珍珠一百」就是含有一百種成分，據說對腦中風後的復健頗有療效。這種當地傳統醫學的奧祕，幾乎是西方科學無法想像的。

知道藏藥的情況，也是從一位很和善的藏族阿克登增口裡得知。

「阿克」是藏語「和尚」也是「喇嘛」的意思，阿克登增不知道是不是叫「登增」的喇嘛？第一次見到阿克登增，是在理塘縣長青春柯爾寺香根活佛的家裡。他是活佛家的大總管，舉凡家裡的俗事和廟子裡的大小事物，包括接待外賓、整修佛殿、採購物品等，都是他一個人包辦。

對我而言，他不只是大總管，還是一個很有智慧、很和善、肚子很大的長者。黝黑發亮的皮膚，中廣的肚子，一身藏紅色的喇嘛袍子，右手的袖子脫下綁在腰上，露出結實的上臂，顯出藏族特有的裝扮。在略微黑暗的屋子裡，不時露出炯炯發光的眼神，犀利中依稀看得出內在柔善的光輝。每一年上山執行計畫時，都會先跟他在廟子前的活佛家討論香根活佛與弟弟洛絨曲批活佛的近況，並安排往後數天的行程。

與阿克登增更熟，也是因為最近幾年的「馬背上醫生」醫療計畫。由於當地喇嘛或寺廟經常會收到善心人士寄給他們的西藥，可是一來藥品多為過期，二來喇嘛不了解西藥的成分與使用方法，所以計畫中又加上對當地藏醫院製造藏藥的支援。

為了擔心複方草藥的品管與重金屬汙染會影響牧民的健康，在輔導當地藏醫院製作藏藥時，也將一部分成品請成都一直陪著我們進行醫療計畫的肖斌和伍萍夫婦幫忙；另外也帶回台灣做重金屬汙染的雙重檢驗。拿到檢驗報告後著實嚇了一大跳，因為竟然有重金屬汙染，這讓在台北的大伙們騎虎難下，不知道要繼續支持，或是撤回藏藥的製作。

隔年我們上山的第一件事，就是找阿克登增問一下詳情：「聽說藏藥的製造會加上汞，那不是重金屬嗎？有沒有老鄉因為吃了這種藏藥而不舒服的？」

「藏藥中不一定會加入汞。只有一種藏藥叫作佐塔，是在製造過程中會加上汞。不過這個去汞毒的技術只有拉薩藏醫院才會，我們這裡還不會製造。」阿克登增手握著念珠一顆顆的撥弄著，一邊詳細的說著佐塔的傳說。

藏藥在藏醫的治療方面占有很重要的地位。藏藥學家帝馬•丹增彭措於西元一八四〇年編撰的《晶珠本草》，藏名《吉米協稱》，是西藏藥物學的代表作。除去同名或類似功能的製品，實際上有一千四百多種藥物。

藏藥一般多按其治療作用，分成清熱藥、消腫藥、退黃疸藥、解毒藥、治黃水藥、催吐藥、下泄藥、驅蟲藥、止瀉藥等十多類，有些也按藥物來源及其自然屬性進行分類，如《四部醫典》就把藏藥分為貴重藥、石類藥、土類藥、黏液類藥、動物類藥、灌木類藥等八種。藏藥的劑型有湯劑、丸劑、糖漿、浸劑、藥膏、藥油、藥酒、藥粉等，其中以丸劑為最常用。一種成藥少則數味，多則由一百多味組成。眾所周知的「珍珠七十」或「珍珠一百」，都是有名的高貴藏藥。

《四部醫典》描述了以植物、動物和礦物入藥的藏藥，如果為了增加療效，往往會加上「仁青」系列的特殊動物藥，或加入特殊的「佐塔」（Zogta）金屬和礦物類藥。其成分包括了水銀（汞）、珊瑚、瑪瑙、珍珠、貓眼石、綠松石等八珍，以及黃金、白銀、黃銅、鐵、鉛等八鐵。傳說最早配製佐塔的是一世噶瑪巴的上師。但是國外學者 **Juergen C. Aschoff** 在《**Tibetan Medicine and Mercury**》一書中提到，水銀冶煉的方法是由西藏的學者和瑜珈修行者由印度北方帶入西藏。另外，《鍛鍊水銀實踐甘露精華》和《水銀治煉》，也被認為是對於煉汞技術描述最深的著作。

在現代醫學領域中，汞或汞化合物及其他重金屬如鉛、鎘、砷的過量，對人

體都有明顯的毒性。一般而言，重金屬的含量是否達到國際公訂的限制標準，是藥物品質好壞的重要指標。雖然近代的文獻顯示出佐塔在動物實驗中並不具有所謂的生物毒性，但佐塔仍是含有汞及汞化合物等重金屬的提煉物質（類似藥引）。雖然傳統西藏醫學中也有詳細去掉佐塔毒性的方法與應用，但是佐塔真正的藥效及其可能機轉，還有藏藥書籍中所記載如何去毒以減少對人體傷害的方法，仍亟需現代科學的驗證與肯定。

在阿克登增說完之後，知道這裡還沒有在藏藥製造中加汞的技術，大伙心中的石頭終於放下。那一年，在仔細訪視過為鄉村醫生製造藏藥的藏醫院後，收集了很多不同製造過程的樣本拿回台灣重新檢驗。原本擔心是當地藏藥重金屬汙染的疑慮，檢驗過後發現並不是藏藥本身的汙染，而是舊的研磨器具上的汙染，真相終於水落石出。幸好台灣支援新買研磨工具與製造器具都沒有問題，也證明了藏藥製造過程中，器具汰舊換新的重要性。那一年回台灣的路上，覺得好像平反了一件遭人誤解許久的冤屈，心裡還滿高興的。

不知道是否因為我是醫生的關係，阿克登增對我很好。例如在廟子裡敬大佛的時候，信徒都會將哈達捲成一小卷，投向大佛的身上。哈達是一種長條絲製品，藏族用來送給外來的客人，將它掛在對方的肩頸上，有吉祥如意的祈福之

意。在廟子裡，如果能讓哈達散開來掛在大佛的右手上，那麼就會受到神明的眷顧與帶來好運。每年上到理塘縣的前兩天，因為高山反應很厲害，所以我們第一個行程都是去拜訪香根和洛絨曲批活佛，也到廟子裡敬一下當地的大佛。近幾年，阿克登增帶領我們敬大佛時，他會特別幫我捲哈達，說是可以投得更高更遠，大概希望我能將哈達掛到大佛的右手上吧。

還有一年他端詳了我許久，笑嘻嘻的說我很像隔壁縣喇嘛廟的活佛。當下我不知該怎麼回答，只是心裡咕噥著：「去年在隔壁縣遇到的活佛，好像跟一般人想像中的不一樣，也喝酒也吃肉，難道是指他嗎？」後來才知道，氣候嚴寒的青藏高原上，吃肉才能讓牧民有力氣放牧犛牛。

除此之外，在敬大佛點燈的時候，他都會拿酥油製成的長明燈讓我點上。有一年點完燈剛出大門時，就聽到有位師姐說：「阿克登增偏心，都幫邱醫生點最大的燈。」聽到這些，心想大概只有火星文最能說明我的心情了！

其實，阿克登增也不是那麼萬能，什麼都知道。那年在聽他解說佐塔，快結束時看到他另一手正撥弄著桌上一大袋的冬蟲夏草，好像在挑什麼似的。我一邊挑著蟲草一邊好奇的問：「你為什麼挑出蟲體和黑黑的葉體？哪一個比較貴？」

「當然是蟲體囉，那種黑黑的不好。」阿克登增如是說。

其實，現今的科學證據顯示，冬蟲夏草的有效成分，都在黑黑的葉體，又叫子實體裡，黃黃的蟲體只有澱粉質，而且都在入春葉體成長的時候消耗光了。

「那就麻煩你，只要有蟲草的時候，請你幫我收集你不要的，我明年來拿唷。」我心中暗暗高興著。

這兩年因為藏區情勢不好，所以沒能去看他。最後一次上山，在廟子裡看不到阿克登增，不知怎麼心裡毛毛的，有點擔心。

有一說他得了糖尿病，到縣外去看病了……

接近西天

從沒有想到「西天」是這麼的遠，也從沒想過我會離「西天」如此的近。

很早以前就知道佛教是從西方印度傳過來的。印度古稱天竺，因在中國西南方，故稱西天。在執行甘孜州南路六縣「馬背上醫生」基層醫療計畫的這十幾年，總共到拉薩三次，其中有一次是經過拉薩，到佛教徒的聖山「岡仁波齊」去轉山朝聖。岡仁波齊，藏語叫 **Kang Rinpoche**，英文為 **Kailash**，是亞洲許多國家重要河流的發源地，也是佛教、印度教、耆那教及苯教的最高信仰中心，是地球上數億人心中永遠的須彌山。

那一年是馬年，也是傳說中釋迦摩尼的本命年，因為祂屬馬。

在佛教徒，尤其是藏傳佛教徒的心中，認為能夠在馬年去轉世界中心的須彌山岡仁波齊，就能夠化解十二輩子的業障。

西元二〇〇二年剛好是馬年，也是「馬背上醫生」醫療計畫完成的第一個階段。由於在計畫開始前（一九九六年）及計畫執行之後（二〇〇〇年），曾分別針對理塘縣牧民的就醫習慣、疾病型態、白土症、對鄉村醫生的滿意度等做了問卷調查，結果發現本計畫對當地和附近鄉村的牧民有很大的幫助，甚至

牧民們還認為應該擴大範圍到甘孜州南路六縣。這六縣包括理塘縣、巴塘縣、雅江縣、鄉城縣、稻城縣及得榮縣，聽起來好像只有六個縣，可是算起總面積來，大約含括了雅礱江以西到金沙江以東，約六個台灣大。

當時台灣有些熱心的朋友們積極主動的提供援手，使「馬背上醫生」基層醫療計畫能於二〇〇二年開始，拓展到甘孜州南路六縣的範圍。為了恭逢其盛，同時也想像藏族一樣到岡仁波齊神山去轉轉。雖然並不期待能化解十二輩子的業障，只希望這輩子沒啥業障就好。沒想到這一回轉山之路，卻是差點走上「西天」的一趟路。

趁著在理塘縣完成了計畫的經費結算與下一年度的預算規畫，想想應該也適應了高山反應，所以就到拉薩與已經在那裡的友人李旭會合，踏上尋訪西天之路。聽說轉岡仁波齊這座神山，一般人要三天，藏族只要一天，心想自己大概兩天就可以。沒想到李旭在來之前開了另一朋友黃效文新買的高級越野吉普車沒多久就翻車，人還好沒事，車子卻需要大修。還沒出發就聽到這衰事，心裡還真的毛毛的。

在拉薩當地，因為必須要辦證件才能到達「阿里」無人區，還好李旭運用在

當地高層的特殊關係，才搞定了到阿里的通行證。租了一輛四五〇〇的越野吉普車，一切準備就緒。出發前一天打包的時候，聽說夏天轉岡仁波齊不會下雪，就準備一般的登山用具，於隔天清晨出發。

在台灣，從北部開車到高雄，走高速公路要四、五個小時，想說幾百公里的路程，應該傍晚就到了吧。沒想到車子過了日喀則一路往西行，太陽從車子的後面慢慢的轉到車頂，漸漸的，車子變成追著太陽跑。這時候想起古人「后羿」追著太陽……

一直一直……

一直一直……

一直一直……

一直一直……

一直往夕陽的方向開去，好像總是看不到路的邊際。好不容易像是到了宇宙

的邊緣，有點小山丘的樣子，還看到山頂上的五色經幡。

「終於到了……」心裡不禁雀躍著。

沒想到過了小山丘的埡口，藏族司機喊過「拉、索、索」後（拉、索、索是藏語對山神祈福的意思），車子一路滑下山坡，到了平地，車子又開始

一直一直……

一直一直……

一直一直……

一直一直……

一直開到太陽落在地面之下，只剩下晚霞的餘光，徐徐的拉開高貴寧謐的夜幕。四下漆黑，只剩兩束車前燈光引導著孤零零的小車，行進在廣大的無人地區……

在無光害的青藏高原夜空，滿天的繁星掛在三百六十度的蒼穹，什麼獵戶座、金牛座、天狼星等在星座書上的方位，在這裡都沒有用。剛開始看到天際劃過一顆流星，還輕鬆的趕快許個容易實現的願望，心想如果有多顆的話，就連父母、家人、朋友的願望都許上囉。

可是，當看到司機師傅趴在方向盤上，瞪著眼瞧著前方，口中咕噥著：「路在哪裡？要往哪裡開？」時，我心裡突然閃過一絲恐懼……

夜更深了，路還不知道在哪裡？倏忽而逝的流星雨，只夠讓我許個渺小的心願：希望早點找到路，要不然就要露宿在無人地區的吉普車上了！

那夜接近午夜十二點的時候，終於到了一個很小很小，「有人」的地方。雖然感覺上很像電影裡有壞人藏在裡面的黑店客棧，可是幾個人餓得管不了許多。吃上幾斤的手抓羊肉之後，就模糊的睡去了……

追了兩天的夕陽，漫漫長路，終於到達終點——岡仁波齊的山腳下。

聽說那一年全世界有四十萬人來朝聖轉山，甚至有些信徒患了無法醫治的重

病，也特別前來此地涅槃。有這麼一說，來轉山往生的人，這輩子的業障會自然消除。抵達之前聽說今年死了不少人，不想也不敢細問原因。

沒想到上山的前一天夜晚開始下雪了，原本三天的轉山路程，改為轉小圈的兩天路程。第一天預計停在海拔五千公尺上的小廟子裡，隔天直上八百公尺，過卓瑪拉山口而下，再走一段路回到入山口。

清晨摸黑出發，沿途已經有很多信徒。尤其是藏族老鄉，走這山路好像在走自家平地似的，口裡念著經文，手指掐著念珠，一溜煙就不見蹤影，消失在白茫茫的雪地。

眼前的雪愈下愈大，自從每年來青藏高原，家鄉的雪景已經不再那麼詩意浪漫。因為上一次夜晚經過折多山的大雪讓人差點就回不了家，從此對雪景是尊敬的。而這次上山前的預測與實際情況完全不一樣，帶著輕裝備、短筒靴、薄毛襪，讓我心裡很不踏實。

一開始還有些詩興，看到一個不是藏族的出家人，迎著飄雪獨自走在轉山的路徑上，還為他寫了一首詩：

山蒼蒼，野茫茫
朝聖行者不張惶
面不驚來心不慌
一步一印把心放
且待歸途話家常

雪愈來愈大，讓許多隊伍都停了下來，連磕長頭的藏族都用大袍子裹住身體，大伙們蜷曲在一起，瑟縮在帽簷下。放眼望去，蒼茫茫的一片，萬物寂靜，時間似乎也停止不動。

短靴下，襪子都濕了，飛雪飄進毛衣化成水，也不知是汗水還是雪水，濕到全身發抖。只看到藏族一個個從身旁飛身而過。望著他們漸行漸遠的背影，也希望有他們的信念支撐自己。然而換來的卻是愈來愈急促的呼吸聲，陪伴著冷得不聽使喚的雙腳……

終於走到山腰唯一的廟子，我趕快躲進超薄的睡袋，期望能有很暖很暖、好像被熱氣烘過的感覺。可是愈躺愈冷，抖得也愈厲害，幾乎無法停止那濕寒入骨的感覺。

「你還好嗎？」好友問。「嗯嗯…嗯…，還…還…好…」我自己把了脈搏，發現心跳超過一百二十幾下。本以為是高山反應的症狀，應該待會兒就好。可是夜幕低垂，氣溫愈來愈低，躺在睡袋裡就像是躺在一座小小的冰箱裡，抖得全身都很酸很痛。憑著醫生的直覺，我知道繼續躺下去的話，就可能看不到明天的太陽了。

勉強撐起來，穿上還是溼的衣服和毛襪，冒著夜晚的風雪，狼狽的找到廟子的伙房。一進屋子就有一股熱氣迎面而來。「哇，好暖好舒服的熱氣！」循著熱氣的方向望過去，已經有五、六個藏族在火煻邊烤火。我趕快湊過去，烘腳、烘手、還將溼透的衣服襪子放在火煻旁烤乾。望著那白白的水氣隨著火焰慢慢從衣服飄向屋頂，已經可以感受到等一下穿上這烘過暖暖乾乾的衣服，是多麼舒服的一件事呀！

早知道這裡有火塘，就不會凍得快上西天了。

活過第一天之後，心想明天一定可以駕輕就熟的完成轉山行程。沒想到迎面而來的卻是意志力的試煉——到達天堂之前的地獄。站在幾乎垂直的山路下，據說只有八百公尺，但卻是一般人在無氧氣瓶支持下的極限。每踏出一步，只不過是要將身體提升一點點高度，卻好像怎麼都吸不到氣。走了幾步之後，反倒覺得怎麼山頭的埡口又更遠了……

雪，很厚很深。由後而來的藏族一個個念著經文，像是來散步的，真是氣人呀！突然在身後遠遠的看到一頭犛牛，上面坐著一個人，慢慢的就要追上。

「要租一條犛牛嗎？」有人問了一下。「開什麼玩笑？騎犛牛來轉山，就算轉完了也沒什麼意思吧。」心想：「那十二輩子的業障能解嗎？」

快到埡口的路邊，大雪覆蓋的地面，好像有好幾處顯現出不同顏色的東西。那是轉山的人，在快要過埡口的時候，人們會將自己穿過的衣服或褲子丟在山上，象徵著將自己的業障留在神山上面，希望未來能輪迴到比較好的一世。

最後，最後，最後……finally……

終於站上那一般人的極限，岡仁波齊的卓瑪拉山口，海拔五千六百三十五公尺。在高呼「拉、索、索」對山神的敬語之後，回首恍如隔世的昨天，和用意志力撐過的八百公尺，倒有「既無風雨也無晴」的平靜呢。

消失的彩虹

從小時候就不喜歡看煙火，不是煙火不好看，只是不喜歡那燦爛過後曲終人散的落寞與孤寂。

就連在高原上無意間看到霓虹，成就了自一九九六年開始的「四川省康區甘孜理塘縣基層醫療計畫」，也經常擔心著天空的彩虹會倏忽消失在遙遠的天際。回想剛開始時，與王志宏兩個人只憑著一份對青藏高原牧民生活的關懷，莽莽撞撞的投入一個自己完全不知道結果的計畫。

前幾年篳路藍縷，一路走來頗為辛苦。年假犧牲了，經費毫無著落，甚至王先生還抵押房子來補足支援計畫的經費。由於兩人在台北的生活也是非常忙碌，互相連絡醫療計畫的機會很少，完全憑著互相的信任與默契。雖然如此，這計畫還是撐了下去。除此之外，還得感謝當地衛生單位李局長、桑多、康師傅等工作人員實幹苦幹，紮紮實實的執行培訓基層鄉村醫生的計畫項目。

在完成比較一九九六年與二〇〇〇年牧民生活的問卷調查後，我興奮得久久不能自己。因為我們在理塘縣所做的基層醫療計畫可說是非常的成功。幾年來憑著極少數的經費與人力，結合各工作人員的努力與無私，完成了一個幾乎不可能達成的任務。

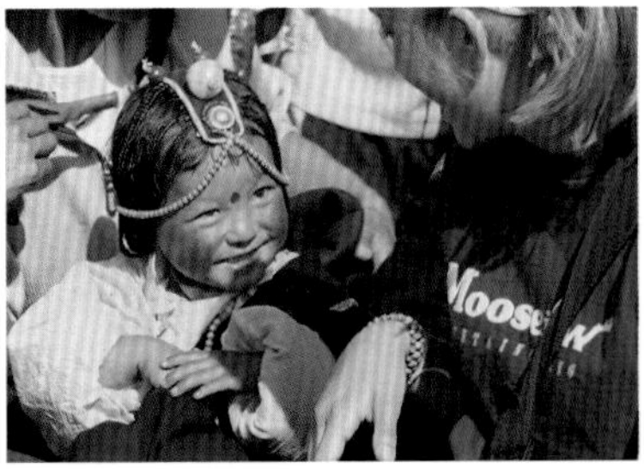

為了了解這份成果報告的可靠性，和實際上這計畫在牧民和鄉村醫生身上所帶來的效益與狀況，隔年我們深入更偏遠的牧區與他們促膝長談，從而決定了我們未來的方向與計畫。事實上，遠在西藏拉薩地區和世界其他地方，都或多或少有人知道這個計畫。有些團體如香港洪逸揮基金會也因看到我們的報導，而開始對理塘縣牧民提供冬季定居點的長期規畫與經援；世界橋樑基金會也嘗試在其他縣（如君壩縣）做輔助性的基層醫療支援。種種跡象顯示，彩虹下的牧民會因來自世界不同角落的關懷而慢慢茁壯長大，展現出他們更自然平實的生命韌性。

本計畫經由一九九六年至一九九七年間約一千份全縣牧、農區之基礎醫療問卷調查，於九七年、九八年、九九年起經援理塘縣相關衛生醫療單位，展開牧區鄉村醫生之基礎及後續訓練，並支援其必要的醫療藥材與設備。

就第一次（一九九六年至一九九七年）問卷調查結果，顯示絕大多數牧民不重視個人衛生習慣，例如如廁後洗手、進食前洗手等，這種習慣造成了寄生蟲疾病和腸道感染之高流行率。另外，約百分之七十二點一的藏族同胞不知道添加白土會造成氟骨症。由基層醫療調查居民就醫習慣之結果，可知近四分之一的居民經常生病，這代表著生活在青藏高原的藏胞，時時受到疾病的侵襲。

而當他們生病時，如果附近有醫療單位如衛生所的話，是他們就醫或建議就醫最佳的去處，占百分之七十到八十。

藏胞們最常見的五種疾病分別為頭痛、咳嗽、喉嚨痛、流鼻涕及關節痛。較嚴重之疾病如骨折、血便或婦幼疾病無法自行處理的情況，就近衛生所是當地居民求助的主要地點。反之，較輕的疾病如頭痛、流鼻水等，在沒有併發症如發燒或喘息厲害時，不管它或自行解決是他們消極的態度。

在經過五年基層醫療培訓鄉村醫生並積極深入牧區教育藏民後，理塘縣兩次基層醫療調查比較下有重大之發現：

一、居民生活習慣之改善。結果顯示基層醫療的衛教達到了很好的效果，提供了往後醫療支援之重要資訊。

二、居民就醫習慣的改變。結果暗示若有心為牧民的健康著想，必須深入牧區廣設衛生所，使藏民不必長途跋涉便能得到好的醫療照護。

三、基層醫療實有存在的必要。近百分分九十八點九的藏民非常高興有此基層醫療計畫，認為將此計畫擴大至其他藏民的區縣是有幫助的。

那年我們循著前一年的行程，騎著馬兒走訪格木鄉的鄉村醫生與牧民。由於有些團友不會騎馬，就請牛場娃兒牽著馬，沿著草壩邊的山溝向札噶山上的草場走去。三、四個小時過後，我們一行人已到海拔四千三百多公尺的高原邊，望著雲層深厚，略為陰暗的天空，我擔心著去年此時此地的冰雹與大雨，會讓大伙們在八月天裡度過一個接近五度的寒夜。還好，今年的天公特別眷顧我們，陽光也分外的美好與溫暖，將一個個藏族小女孩的燦爛笑靨，深深的烙印在我們的腦海裡。

在我們下榻於鄉村醫生區達的帳篷不到十分鐘的時候，約莫有五、六位牧民

已在帳外守候，等著鄉村醫生的看診。他們期待的眼神教我們不由得放下手中的工作，為他們細心的診察。雖然大伙們都捐出所攜帶的藥物，我仍仔細的叮嚀鄉村醫生不要濫用藥物（尤其是抗生素），以免造成往後更大的危機（如抗藥性等）。即使如此，衛生單位臨時配備的藥品也一下子就用完了，這讓我們深深體驗到「缺醫少藥」在偏遠牧區的嚴重性與重要性。經過當地鄉長、鄉村醫生簡安達娃、西達、區達和衛生局人員桑多、康師傅等的解釋，才知道牧民們因為我們的基層醫療計畫而不必再舟車勞頓的下山求醫，也減少了老弱婦孺的疾病嚴重度與死亡率。

然而這些年來環境變化很大。前兩、三年不僅沒有手機通訊，同時全理塘縣只有一個地方能撥接外縣市電話，光是撥接就要等很久，能撥通國際電話回台灣報平安的機會是「零」。當時又是利用年假三到四週的時間來執行這個計畫，因此一出家門幾週之內音訊全無。據家人回憶說，我就像失蹤的人口，擔心也無濟於事，只有下山到成都後才能回報說明天要回家。

除此之外，當時金髮碧眼的外國人最多只能進到康定，再進去由於膚色的關係，很容易被公安盯住而遣返康定。一直到改革開放之後，慢慢的通訊開放，甚至連外國人都能深入到理塘縣城；賽馬節上也能看到戴著太陽眼鏡的藏人，

和搶著與藏族小孩拍照的歐美遊客。

當地牧民的生活也改善了很多，原本空曠的草壩上增添了許多直立的電線桿，拖拉機取代了傳統的騎馬；喇嘛面對鏡頭都很自然，也會拿著照相機；路上磕長頭的人消失不見，寫在貝葉的經文也被紙本取代；街上播放著周杰倫的卡帶，店裡賣的天珠是台灣製造的瓷石，綠松石則是機器打磨的；甚至冬季定居點的設立也讓壩子上的帳篷減少了，牧民開始住土夯的房子，學習種青稞，彷彿從一千三百多年前留下來的牧民自然生活，就要在這些年的「進步」下消失無蹤，這種感覺就好像在寂靜夜裡毫無光害的滿天星空，因為文明這一部大發電機啟動之後的綻放光明而黯然失色。

彩虹下的牧民在文明的覆蓋下，就像即將消失的彩虹，在廣大青藏高原的天空中慢慢淡去，漸漸成灰……

又見彩虹

西藏
你的名字
是浩瀚穹蒼的湛藍
是浮雲蒼狗的雪白
是喇嘛活佛的藏紅
是雅魯藏布的翠綠
是銅飾鎏金的澄黃
抑是
漠漠大千
潮起潮落的業障
滾滾紅塵

緣起緣滅的塵緣
……
多年以後
大昭依舊
小昭依然
而已是
我的夢境

永遠的拉薩

人生中第一次出國，是到英國開外科醫學會，那是有文章要發表，心情是很緊張的。之後第一次很輕鬆的出國，就是到嚮往已久的地方——西藏拉薩。那是在一九九一年的時候，也不知道為什麼會想去，只覺得有股力量吸引著我。所謂的輕鬆出國，僅僅是在踏出國門，到達香港啟德機場轉機的時候，輕鬆的喝著咖啡，談論將要執行的計畫。那是唯一喝咖啡不會瀉肚子的場合，或許在台北沒有這種閒適的心情吧。回來整理照片的時候，發現最後一張照片大概是沒有捲好而重複曝光，看起來大昭寺旁的景觀迷迷濛濛的，好像佛眼下的芸芸眾生，一時興起就寫了前頭的詩詞，落款為「幻境西藏，夢裡人生」。

大概是風光明媚、陽光燦爛，西藏風土人情怎麼拍都很好看。可是有一種景象卻一直無法拍得很好，就是在寺廟中善男信女手裡執香，對著香爐或是上天默默祝禱的情景。情景中的男女眼睛緊閉，雙眉微蹙，喃喃自語於唇邊，香煙繚繞於指間，人生中最清明、最真的一刻，凍結在人聲鼎沸的廟宇，凍結在頂禮膜拜的剎那，彷佛那已經過去的曾經和即將展開的未來，那等不及的後悔和希望，交錯在塵灰飛揚的一鼎香爐。

來到拉薩，什麼都不多，最多的就是每個人五體投地的頂禮膜拜，又叫「磕長頭」的拜佛儀式。只要是有佛像前的空地，就可以見到人們虔誠的做完整的

頂禮膜拜。這套儀式包括：站立祝禱、彎腰跪地、匍匐頂禮、口念經文、屈膝站立。印象中只要是同行的朋友第一次看到這種情景，都會爭先恐後的卡到最佳取景位置，想要拍到那崇敬肅穆的神情。可是幾年下來，一直沒有也不想去擁有這種照片，大概是不忍去干擾他們對天對地真心付出的情緒。直到有一年在理塘縣城外的聯外道路上，不經意的留下這幕不捨的畫面。

西藏地廣人稀，神山岡仁波齊是藏人心目中的佛祖之地；而拉薩是藏族心目中維繫人心的聖地。第一次聽到藏人會從藏區各角落到拉薩朝聖，有點不信與懷疑。可是當與我們一起去轉岡仁波齊神山的昆明朋友李旭告訴我們，他曾騎犛牛經黃河沿、安多到拉薩時，似乎也不得不信了。無論由昆明或是四川到拉薩，都要經過地形高低起伏的橫斷山脈，犛牛走得慢，有時又不聽話，沒有三兩三的能力，還無法騎犛牛到拉薩呢。據說他那次花了好幾個月的時間才完成這壯舉。

李旭是個有點藏化的漢族，常住昆明，有一位非常熟識的老師居住在拉薩，所以他夏天的時候經常到老師家拜訪學習，是基層醫療計畫的好朋友。後來才知道，每個藏人出生後都有一個夢想，就是一步一叩，一路頂禮膜拜到拉薩布達拉宮、大昭寺等寺廟，獻出他們對上天的感謝與期望。感謝的是，上天給他

們身為六道輪迴中「人道」的恩典，期望的是，希望上天能讓他們在下一輩子投胎到好一點的人家，畢竟海拔四千多公尺的高原惡劣環境，生活是多麼的困苦與無奈。

在理塘縣附近的牧區，偶爾可以看到藏人在路上磕長頭。在高原平坦的草壩路邊上，有個人影忽而直立忽而趴下，沿著路面慢慢的往前行。走近之後，發現他身著棉衫，手戴棉套，手上還拿著一串念珠，雙膝前戴著兩張牛皮護套。滿是皺紋的臉上，前額有著灰白色的硬繭，在長距離的鏡頭下，發現那繭上還滲著血，淌在歲月刻畫已久的面容上。在他身後總有個人推著一輛兩輪小板車，亦步亦趨的跟著他的步伐行進。

不同於在拉薩時不忍眾人爭先恐後捕捉膜拜者鏡頭的心情，此時隨著他的節奏一上一下，一個人靜靜的、安祥的、虔誠的陪著他，與他分享這短暫的朝聖時光，記錄那永恆美好的瞬間，是否這才是尊重生命、尊重信仰、尊重攝影的最佳注解呢。

「那後面的小板車是做什麼用的？」

「那是有些人會支持這些修行者，將生活所需，例如吃的、喝的放在小板車上，有些牧民會幫他們推車。」

「他這樣子要多久才能到拉薩？」心裡盤算著從這裡到拉薩大約有好幾千公里，他應該要拜好幾個月才會有機會走到拉薩吧。

「這個不一定，一般來說大約要半年到一年吧，因為不會一直膜拜，有時還會碰到大風大雪、路況不佳的時候。可是有些老鄉不一定會走到拉薩，他們會算一下到拉薩的距離，然後由這段路的東邊開始，每一天拜個三公里到五公里，明天就從路的西邊再往回走三公里到五公里。如此一來，他雖然都在縣城附近，但是幾個月下來，也差不多有走到拉薩的距離了。」桑多老師是藏族，很有耐心的幫我解釋這種狀況。

回到台北，看著那一張張虔敬如儀的照片，回想著與他在遙遠藏區交會的時空。取代不捨心情的是「信仰」予人的溫暖力量，這股力量充斥在浩瀚蒼穹的宇宙大地，沒有固定的拘泥儀式，沒有人為的奢華禮儀，人與天地的溝通，成就在那一步一叩，滿地碎石的曠野裡……

拉薩既然是如此的深具意義，無怪乎過去有人說過：「沒有去過拉薩，就不算去過西藏。」可是也有去過拉薩的人說：「來西藏前，心裡嚮往著一定要到拉薩走一回；來西藏後，卻後悔到過拉薩。」

隨著文明與現代化的入侵，從前藏人要花一輩子時間到拉薩來膜拜神佛，現代的文明卻讓外來的旅客在一天之內直飛拉薩，縱使有惡劣地理環境和高山反應阻絕外來文化，但「拉薩早就不是拉薩了，拉薩現在是四川人的拉薩。」這句話由一個老拉薩的口中說出，確有感慨萬千、不勝唏噓之嘆。早幾年到拉薩各寺廟的安靜肅穆之情，這些年來隨著改革開放，青藏公路和青藏鐵路的開通，祕境西藏的神祕面紗漸漸的被揭開，刻下不同文化無法磨滅的印記。

記得上次到拉薩的時候，整條城裡最大的街，左右兩邊都是川菜，要找一家道地的酥油茶和藏式餐廳都還不容易找到。布達拉宮前的廣場坐落了兩隻象徵漢族威嚴的石獅子，都沒開光呢。一、兩年前還聽說台灣的旅行團包機，白天直飛拉薩，晚上還到附近的賓館唱卡拉OK。不知是無知還是受到懲罰，隔天因有人噁心嘔吐頭痛欲裂，只好全團撤回成都，無法走完後續的行程。

走過藏區這麼多年，總覺得外來文明的進入，應該會造成藏人不小的文化衝

擊。雖然一直給自己一個理由說：「與世隔絕的地理環境和無法避免的高山反應，將保護藏族成為地球上最後一個未被文明汙染的民族。」但是不免還是擔心文化衝擊的後遺症和無法彌補的裂痕。

然而這個擔心，卻因為老一輩藏族在住過冬季定居點後，仍急著回到僅能遮蔽風雪的黑色帳篷而稍微寬心，主要原因是牧區的生活方式不適合以農區的住房來取代。

我還怕老一輩的觀念比較守舊，新一代年輕人對傳統文化可能沒那麼重視，所以問了從小看到大的小鈴鐺——卓瑪。第一次看到她的時候是在馬背上的小籃子裡，那時大概只有兩三歲，現在已經是亭亭玉立的藏族女孩。幾年前參加「馬背上醫生」基層醫療的培訓計畫，結訓後成為鄉村醫生，在理塘縣和雅江縣的交接地方幫牧民看病。

「卓瑪，仁青現在怎麼樣啦？你們還經常一起騎馬到草場上看病嗎？」我的印象還停留在他們在毛啞壩上聽達賴六世和格薩爾王故事的時空裡。

「沒有哪，我在雅江，他在曲登，那裡老鄉比較需要村醫。」卓瑪一如以往

祝第二
会圆满成功！

的伶俐，但卻好像有心事似的。

「有沒有想過要去臨床培訓？以後有什麼計畫嗎？」由於很多鄉村醫生在培訓之後，會因繼續深造或是有其他工作，而離開當地牧區鄉村醫生的崗位。嚴重的時候，理塘縣有一半以上的培訓村醫會流失，這讓基層醫療計畫產生許多附加的問題與困難，這也是我為什麼要問卓瑪的主要原因。

「嗯，想去臨床進修，以後有機會的話會到拉薩去一趟，再回來這裡。」

依舊帶著綠松石手鍊的小鈴鐺冷靜的說著，手腕上依稀可以看到小時候烙鐵燙過的傷痕。眼睛裡閃著亮麗的光輝，我知道她內心還存有藏族無法磨滅的夢想，牽動著她、召喚著她。

最後一次到拉薩藥王山附近的壁畫區和去年在長青春柯爾寺外面，看到好幾個兩、三歲剛學會走路的小小孩，和七、八歲的小孩子正在學著奶奶或爸媽磕長頭。小小孩整個身子趴在地面上，還睜大眼睛調皮的四下張望；稍大的小女孩則恭恭敬敬的磕著頭，彷彿全部的心都交給上蒼，請上蒼賜給她下次輪迴不悔的承諾……

孩子是未來的希望，縱使面對石壁的壁畫點頭是藏族小小孩的遊戲，可以確定的是，他們長大後會磕頭磕到額頭長繭，小鈴鐺的夢想，終究還是到拉薩走一趟。在搭飛機由成都飛回台北的時候，看到窗外陰雨綿綿的城市，突然想到「海角七號」電影裡中孝介看到友子來接機的時候，心情因幽暗而問起：「難道妳不期待彩虹嗎？」再想想趴在地上的那些藏族小孩，心裡掛念的不是外來文化會怎樣的衝擊西藏，而是深深的為感受到「永遠的拉薩」這份悸動而慶幸與開心。

失去的地平線

第一次聽到「香格里拉」，是從小時候看的電影「失去的地平線」知道的。電影改編自英國小說家 **James Hilton** 一九三三年完成的同名小說，內容敘述一個盟軍飛行員在喜馬拉雅山區被擊落，幸運的被當地僧人救走，進入到一個獨立封閉、人們安居樂業、女孩青春永駐的世外桃源。飛行員與當地女孩相戀，有個機緣能離開香格里拉，但女孩卻因選擇追隨所愛的人，在途中驟然失去她的青春美麗，老死在愛人的懷中。

還記得對那部的電影印象是：在大雪紛飛不見天日的高山上，轉過一個神祕隘口後竟是藍天白雲、雪山環繞、陽光普照大地、人民和善互相對待的天上人間，記憶最深的就是穿著藏紅大袍的僧人。在那之後，幾乎有關西藏的電影都是以穿著藏紅色斜襟露出一邊肩膀、有著無邊法力的喇嘛為主。在往後戰亂頻繁，經濟蕭條的年代，東方的「香格里拉」漸漸取代了西方的「烏托邦」，成為當時人們尋找心靈中美好地方的代名詞。沒想到記憶中的香格里拉，竟然活生生的出現在眼前，而且是幾十年後的現在。

在基層醫療計畫開始之後，每年上山的路線除了經康定到理塘的「川藏線」外，還有一條是從雲南昆明經大理、麗江、中甸、稻城、鄉城、理塘的「滇藏線」。早期如果出發前就打聽到二郎山過不去，就會走滇藏線到理塘。雲南畢

竟屬於高原地區，氣候還是比四川的丘陵盆地地形涼爽多了。沿途上有名的縣城與故事很多，例如有歷史典故的馬幫路線、金庸小說「天龍八部」中的段王爺大理古國、玉龍雪山下的麗江古城，可是對中甸就陌生多了。

對中甸開始熟悉，是經由香格里拉而來的。自從 James Hilton《失去的地平線》出版之後，全球都在尋找書中的真實地點。超過半個世紀的時間裡，許多鄰近喜馬拉雅山區的國家或地方，例如位於印度喀什米爾喜馬拉雅冰峰下的巴爾蒂斯坦鎮、尼泊爾的木斯塘等，都宣稱他們那裡就是「香格里拉」。

中國當然也不例外，特別組成了「香格里拉」探訪團，對照《失去的地平線》小說中的描述，考察了碧塔海、松讚寺和白水台等主要景點。經過查訪尋覓之後，發現中甸是雲南迪慶藏族自治州首府，位於滇、川、藏三省區交界處。而中甸附近德欽藏族自治州的「德欽」就是世外桃源的意思，「香格里拉」在藏語中則代表了「心中的日月」，也是藏民嚮往的理想境界（不知道王力宏歌曲心中的日月是不是跟這有關？）。因此中甸縣於二〇〇一年經國務院批准，正式更名為香格里拉縣。

James Hilton《失去的地平線》中描述喜馬拉雅藏區的神祕峽谷裡四周雪山

環繞，湛藍色的高山湖泊，寬闊的草甸，雄偉的幾座高山，圍繞著身處幽谷的寧靜寺廟。牛羊閒適的吃草，人們無憂的生活，人與牲畜、大地自然和諧相處……這種情境，位在稻城縣裡的亞丁鄉確有些相似之處。

藏語「亞丁」，為「向陽之地」的意思，鄉內有三座經年白雪冰封，雲霧繚繞的神山。最高的一座叫仙乃日，是觀世音菩薩的意思，海拔六〇三二公尺；第二座央邁勇，海拔五九五八公尺，代表文殊菩薩；第三座夏諾多吉，海拔五九五八公尺，代表金剛手菩薩。三座神山之間有珍珠海、牛奶海、五色海的高山湖，山腳下有著寬闊的草壩，是牧牛羊的好草場。據說由於坐落方位和高原氣候不定的關係，同時看到這三座神山全貌的機會不多，若能同時看到全景，那麼必有神佛庇蔭。

會到稻城，主要是因為基層醫療計畫的原因。記得剛開始答應進行「馬背上醫生」的醫療計畫時，原本是設計五年的執行期。為了了解計畫執行成果，特別設計了兩次牧民地區的田野調查。第一次是一九九六年，第二次為了配合千禧年的氣氛而選擇二〇〇〇年，分別在理塘地區訪視約一千多戶牧民的醫療狀況與就醫行為。計畫中不是只投入經費援助，而是以培訓當地的基層醫療人員為主，如此一來，就能達到「不是教他們吃魚，而是教他們釣魚」的長期目標。五年執行期的選擇，主要是因為經費籌措辛苦，另一方面也是為了讓計畫有個退場機制，讓當地有獨立自主而不會過度依賴外援的醫療體系。

千禧年時，在格木鄉與鄉村醫生談到計畫可能會撤退，討論人員包括了簡安達娃、西達、區達和衛生局人員桑多、康師傅。我特別問了康師傅：「牧區的老鄉對我們培訓鄉村醫生的計畫，這些年來有什麼看法嗎？」

「哎喲，老鄉們都很謝謝你們大老遠從台灣過來，還上山幫他們看病，只要你們和村醫來到壩子上，他們都會趕來的……」戴個圓圓像徐志摩眼鏡的康師傅是個大老粗，說話也特別直。

「老鄉知道台灣嗎？」

「怎麼不知道！不過，詳細的地方在哪裡不知道，只知道在很遠很遠的地方就是了。」

「如果明年我們因計畫結束而無法繼續培訓鄉村醫生，你們如何打算？」

頭上捲著紅巾，髮間紮著犛牛骨髮環的鄉村醫生簡安達娃回答著：「我們很了解你們的苦處，也很謝謝你們對本地困苦牧民的幫助。如果真的無法得到援助，我們還是會繼續貸款學習，來幫助窮苦的老鄉，因為他們是我們的朋友、同胞。」

聽完這話，四下一陣沉默，靜得都聽得到帳篷外流星劃過天際的聲音……

回到台北整理這兩次的問卷結果發現，牧民們因為基層醫療計畫而不必舟車勞頓的下山求醫，減少了老弱婦孺的疾病嚴重度與死亡率。他們對「馬背上醫生」的期待與期許，已不是我們初步規畫中的想像了。隔年，「馬背上醫生」計畫因為台灣許多有心人士例如智秀夫人、陳鶴松、施啟智、淑真、西西、還有佳動等人的大力支持，鄉村醫生的培訓計畫由理塘一個縣擴增到川藏南路六縣（理塘、巴塘、雅江、鄉城、稻城、得榮），含括了金沙江以東，雅礱江以西，約六個台灣大的藏族地區，讓牧民們能夠解決缺醫少藥的醫療困境。

到稻城訪視培訓的鄉村醫生，成為去亞丁的理由之一。那一夜，睡在傳說中「失去的地平線」的美麗草場，四周環繞著三座神聖雪山，雖然沒有青春永駐的不朽神話，也沒有法力無邊癒人無數的大師活佛，但是暗夜裡繁星蒼穹為幕，青草大地為床，熊熊的營火夾著因高山反應而有氣無力的歌聲，忽而藏語，忽而台語，時有清唱，時有合唱……當那將滅營火微醺歌聲，隨著寒風裊裊飄向浩瀚無垠的星空宇宙，James Hilton 若地下有知，當深深的認同「失去的地平線」已經找到了！

若說進行計畫要有天的啟示（sign），像在理塘縣曲登那裡所出現的「虹」與「霓」是要我們到理塘縣執行醫療計畫；那麼在傳說中「失去的地平線」睡了一晚，隔天早上竟然三座神山的全貌都完整的出現在大伙眼前，是否就是上天應允了「馬背上醫生」醫療計畫繼續執行的庇蔭呢？

「香格里拉在哪裡？到底現在有沒有香格里拉？」

「藏族尊敬神山聖湖，進山不能打獵，下水不能抓魚，採藥之前要先念咒祭拜山神……」老藏族的桑多老師這麼說著。

其實，進山打獵，槍聲引起的回響會造成雪崩；下水抓魚會造成汙染；上山採藥會破壞土壤地質……這些現代文明的字眼，對長期生長在「香格里拉」的藏族是不需理解的，因為天地是他們的父母，山水是他們的依靠，犛牛是他們

生活的一切，而他們只是大自然共同存在的一小分子。

每個人的心中都有他的「香格里拉」，就算他沉於政治，精於算計，即便為生活低頭，為溫飽打拚，每天為現實的一切付出心力，享受到工於心計的果實，品嘗到競爭後所謂勝利的滋味，他依然會羨慕著、追尋著心目中那與世無爭、真心相待的「香格里拉」。

每當翻著那一張張藏族的照片時，看著醫療計畫開始前藏族母親和小孩的眼神，再看看計畫開始後小女孩的神情，我知道，深深的知道——我的「香格里拉」在哪裡。

天珠

青藏高原的夏日陰晴不定，經常藍天白雲的陽光一消失，就是暗無天日的陰雨天。

「奶奶，這是什麼？做什麼用的？」記得幾年前在外面有太陽卻下著冰雹的帳篷裡，小鈴鐺指著奶奶胸前掛著的項鍊說著。

那是一顆約莫半個指節長的天珠，用紅色的棉線串著兩端大大的紅色珊瑚。大概是去過西藏拉薩之故，一眼就看得出這是一顆天珠，可是卻沒有能耐分出真假好壞。

「這是天珠，用來庇祐人的。」小鈴鐺的奶奶右手輕輕搓揉著天珠，左手摸著小鈴鐺的臉頰溫柔的說著，她小小滿是皺紋的手背，刻畫著青藏高原數十年的風霜歲月。

凡去過西藏、到過大昭寺旁八角街的人，應該沒有不認識天珠的。可是天珠是什麼，也可能沒有人能真正說出它是什麼東西，只知道它具有驅邪避魔、趨吉避凶的功能。有一說天珠是一種類似眼睛的礦石，有的說是瑪瑙的紋層磨成的，由於年代久遠，珠面有油潤感；也有說天珠是遠古植物的化石，有點像蜜

蠟，只是蜜蠟比較輕，是介於瑪瑙與玉石之間的化石。隨著天珠的大小與紋路不同，可分成一眼到十三眼大小，和寶瓶、蓮花、虎紋、天地、馬齒、壽珠等不同紋路的天珠。

記得剛到西藏要告別拉薩的那天，還特別到八角街拍照逛逛。正當車子快要開的時候，有個藏族小孩猛敲著窗口，還一邊嚷嚷著說有好東西要便宜賣，想想反正司機還要等兩、三個人上車，就打開窗戶看看到底是什麼樣的好東西。結果一看，是一盤黑白相間的天珠，都很小顆，約小拇指的指節一般大，黑底白紋，各式各樣都有。

小孩說：「買吧，買吧，一顆四十塊。」也不知從哪裡聽來的，只知道在這裡買東西要會殺價，大約殺一半吧，心想：「嗯，反正又不信密宗，也不是收藏家，如果能降到一半以下就帶一顆回去當紀念囉。」

另一方面又想：「這些東西就是要留在這裡才能顯出它的文化價值呀。」就這樣想了一兩回。眼看等的人都已經上車，司機要發動車子了，想說就殺個小孩不可能會賣的價錢吧：「四塊錢一顆囉，要不然要走了。」就關窗子準備離開拉薩。

「好吧，就四塊錢一顆，要幾顆？」沒想到小孩真的答應，只好匆匆忙忙選了兩顆，好像給他十元，剩下那兩塊錢還沒找回來呢！

待「馬背上醫生」醫療計畫開始實施幾年後，我經常會到理塘縣城的長青春柯爾寺去轉轉，也拜訪香根活佛和曲批活佛一家人。在廟子裡看到的天珠，那才真的嚇人，大到有兩、三個指節那麼長，而且還有好幾個眼。感覺上天珠配上寺廟和佛像比較契合，那種顏色的搭配，可說是渾然天成。

「聽說在這裡念經及頂禮膜拜，比較有加持作用？」站在寺廟裡主殿最大佛像強巴佛腳趾前黑色油油的地面上，彷佛可以看到一個金屬標記，我指著標記問廟子裡的總管阿克登增。

他還是一如以往笑笑的說：「就在這裡隨著心中的『曼陀羅』與強巴佛做意念的溝通，加持力更強。」可是說真的，我只知道來到這裡高山反應會緩解一些，好像還未曾有過灌頂能量傳到身上的感受，或許應該多修行幾年才是。

回到台北仔細查了一下，才知道密宗是藏傳佛教修行的方式之一，以一對一方式傳授，用三密來與神佛溝通。三密即口密、身密、意密。「口密」就是口中念咒，所謂「唵（an）、嘛（ma）、呢（ni）、叭（ba）咪（mei）吽（hong）」的六字箴言即是。「身密」就是通過結手印、坐勢，以及修氣、修脈等方法，來達到與神佛溝通的目的。「意密」就是藉著「曼陀羅」也就是「壇城」，進入各個方位的冥想，如果身繫天珠，更能夠達到與神佛心靈相通的無上境界。

由於不是修密之人，也沒有這個緣分，所以在台北將買回來的天珠仔細看了一看。小指節大小的東西有著黑的底色，一條曲折的白色線條呈W形印在底色上，摸起來不是那麼的平滑，敲起來聲音鈍鈍的，重要的是一頭有個缺角，看上去就知道是個瑕疵品。另一個也不怎麼樣，同樣有裂痕和缺陷，就擺在抽屜裡沒再翻出來過。

一直到再去西藏，也是快離開拉薩的時候，一大群小孩爭先恐後敲著車窗，手上拿著一大盤的珠子說是天珠要便宜賣。當時被喚起來的記憶讓我打開車窗，在那盤珠子裡挑著心目中完美的天珠。

「買嘛，買嘛，一顆五十塊，是真的天珠唷。」小孩邊說邊放下盤子，用雙手拿起天珠敲了起來。「鏘」「鏘」「鏘」，清脆的聲音從墨黑平滑，有著幾

近完美眼睛的天珠發出來。不知道是什麼原因，我竟然放棄殺價的念頭，頭搖一搖就關起車窗，不去理會那群急得跳腳的小孩。在回來的飛機上，總覺得那天珠完美得像是假的。記憶中，真的天珠因為屬於礦石、化石類，天然資源有限。所以那幾年中，真的天珠早就被成都的掮客或是台灣的玩家蒐購殆盡，拉薩除了寺廟，哪來真的天珠？甚至當地的店家也說台灣的瓷天珠是機器做的，價格便宜品質又好，連當地人都很喜歡買來配著珊瑚戴呢。

在台北的時候，只要有天珠的廣告或店家，都會讓我駐足端詳許久。不是想那些價錢或真假的問題，只是睹物生情，回憶起青藏高原的一點一滴。偶爾翻出那兩顆瑕疵天珠，心裡頭的感覺與在拉薩看到的時候完全不一樣。在台北，因為它們不屬於這裡，很怕掉了就找不到，而產生一種珍惜感——即便它是有缺陷的。太完美的事物反而讓人得失心太重，如果有點瑕疵的話，面對起來更寬心、更自然。有時候想想，人與人的相處，不也是這樣麼？

執行「馬背上醫生」醫療計畫的時候，由於培訓地方在理塘縣城，所以沒事會到縣裡逛逛。全城只有一條比較大的街，街的兩旁有些雜貨店，只有一兩家在賣瑪瑙、綠松石、宗教飾品等，就是沒看到在賣天珠。打聽了幾年，才聽說成都那邊有專人到藏區蒐購天珠，尤其是傳家的老天珠，怪不得往後都見不到

稀有珍貴的天珠了。

二〇〇九年夏天在回台北的飛機上，看了藏族朋友哈希・札多送給我一本劉鑒強先生寫的藏人傳說《天珠，藏人傳奇》，是一本描述真正為藏民及藏區大地付出心力的藏人事蹟的書。當中描述了天珠的收藏家嘎瑪、為可可西里保護礦產和藏羚羊而犧牲的索南達傑，和索南達傑的弟子，也是為黃河、長江、瀾滄江三江源頭環境保護不遺餘力的哈希・札多，也就是這位藏族朋友等有顯著事蹟的藏人傳奇。

在認識扎多之前，由於做了近十四年的藏族醫療計畫，經常被問到對藏族的看法。我想大概是地理環境與外界隔絕加上全民信佛，藏族一直給人一種認命、安祥、卻又堅忍不拔的感覺。有次訪視到一牧民家庭，就問約十五、六歲的家中老大：「你未來是留在壩子上，還是到外地找工作？」

「還是在這裡牧牛。最近水草長得好，牛娃兒賣得好價錢，生活就會好些。等以後生了娃兒，再留這裡放牛吧。」男孩一派輕鬆的說著。

如此一代代傳下來，怪不得牧民的生活自公元七世紀以來都沒變過。望著照片中雨後草壩上彎彎彩虹的一邊，在陽光折射下斜掛在牧民黑色帳篷的一角。天是清的，大雨方歇，炊煙裊裊，犬吠不已，人們、犛牛活動在彩虹之下，偶爾出現的藏紅喇嘛，沿著草壩的地平線，緩緩的走著……

喜歡青藏高原，喜歡藏族人們，是喜歡這種很真的感覺，也喜歡那種「可以做自己」的生活，好像他們是地球上僅存尚未被汙染的種族。或許藏族在青藏高原上回歸自然的生活才像是「天珠」一樣，是現今地球上人類僅存的珍寶。

做一件以後想起來會笑的事

藏族全民信佛，除了拉薩布達拉宮、大昭寺、哲蚌寺、色拉寺和日喀則的札什倫布寺等著名寺廟外，藏區每個較大縣城都有寺廟供人膜拜，理塘縣則有靠山邊的長青春柯爾寺，可說是西藏地區以外最大的黃教寺廟。至於遠離城鎮的牧區，則因人口較分散，所以不容易見到大的寺廟。反而是路旁或山上、河邊、隘口等重要地點有馬尼堆、小經房、轉經房等具寺廟象徵意義的土堆或建築，甚至在寬闊的草壩上，以多頂大帳篷組合而成的帳篷寺廟，都是牧區藏人從事宗教活動的地方。

小經房和轉經房因為需要建材，大多分布在農區藏人聚集的地方。剛來到藏區的時候，看到清晨之際，藏婦右手繞著經輪，左手掐著念珠，口中念念有辭的沿著不到一坪的小房子順時鐘繞行。心想：「怎麼不會頭昏呢？」後來到了牧區，發現這些需要材料的經房，都被或多或少的石頭堆取代。

看著高高的石堆一顆顆的疊上去，好像風大點就會倒下的感覺。旁邊放著幾片風化的酥油，幾條細繩串著紅、白、藍、綠、紅的經幡，風吹著，好像在念經幡上的經文似的，向上蒼祈禱，保佑牲畜與家人平安。

「嗯嗯，這種感覺好像漢族的土地公，小小的供桌香火，掌管著方圓幾十里

的陽間人世、陰間宿命；在地的人們也虔誠的供上花果水酒。」面對著這種地球上不同地域、不同文化、不同種族，卻有著相同敬畏天地、體恤鬼神的心意，真的覺得蒼天是無限寬容的，只因人們這種小小窩心的舉動，而降福於芸芸眾生。

相較於馬尼堆的卑微，喇嘛廟可說是金碧輝煌；而住持活佛就是喇嘛廟的總管，管理著牧民的醫療、教育、喪葬和宗教生活。在剛到理塘進行醫療計畫的時候，總是要先向當地的主要寺廟「長青春柯爾寺」拜個碼頭。寺廟住持是香根活佛，而他的弟弟洛絨．曲批當時是副縣長，幾年前也正式坐床為活佛。兩個人都是高高壯壯，黝黑的康巴漢子。香根活佛忙於宗教事務，所以「馬背上醫生」醫療計畫的執行與配合，都是由曲批活佛幫忙。

「他們是台灣來的，希望能在理塘縣做基層醫療培訓計畫。」縣衛生局的李局長在香根活佛家跟曲批副縣長介紹著我們。

「歡迎，歡迎，你們需要什麼幫忙儘管說，我們一定配合。」副縣長微笑的點著頭，聲音宏亮而且溫暖。第一次的會面，沒有先前面對高官要員的擔憂，只知道頭很痛，廟子裡的藏香很好聞，而且加了犛牛奶的酥油茶很好喝，而副縣長……人很好。

往後幾年到理塘的時候，曲批副縣長都到外地，除了忙著政務之外也忙著替廟子募款建大佛，但是都交待要好好輔助培訓計畫的進行。有一年夏天，我帶著一年一度的醫療計畫報告到理塘，準備下一年的計畫執行與預算編列，剛好曲批人也在理塘縣上。

「謝謝您的大力幫忙，這幾年培訓計畫執行得很順利。我們也去看過培訓後的鄉村醫生，效果還不錯，今天正準備討論明年的計畫……。」我們拿著剛出爐的報告向他說明詳細內容。

「嗯嗯，不用客氣，那是應該的，你們做的是好事，老鄉需要做的事情很多，我們做不來，你們來是代我們幫助老鄉。理塘縣還有很多地方沒有鄉村醫生，希望你們繼續下去。」

CEPEK

曲批副縣長一面讓人去拿哈達一面繼續說著：「有了村醫，老鄉們有病都會去看他們，醫療情況改善很多，他們都很謝謝你們，你們現在做的事，以後想起來都會笑！」說完之後，就為我們獻上哈達，祝福我們在高原上一切順利。

沒想到當時這麼短短的一句「你們現在做的事，以後想起來都會笑……」卻成為往後十幾年堅持「馬背上醫生」醫療計畫的心靈支柱。

「曲批縣長真的很謝謝你們，老鄉也很希望你們來。」一名叫鄧珠的年輕藏族在車上告訴我們。大概是尊敬的關係，他們都稱副縣長為縣長。鄧珠當時是縣衛生局的司機師傅，個性剛烈，卻有一顆溫柔的心，經常猜他太陽星座可能是火象星座牡羊，而月亮星座是水象星座雙魚。對看不順眼的人或事都會嗤之以鼻，可是在路上一看到有拋錨的車子，一定會停車問個究竟，甚至會留下來幫忙修車；只要藏族同胞向他要求，他都會答應。

剛認識的前一、兩年還有點生疏，交談的話不多。記得一開始用越野車訪視鄉村醫生的時候，他都會照規定算我們的油錢車錢等工資費用。之後大概也知道我們真的是為藏族老鄉做事情，所以比較會談到心底的話，也會主動減少他個人方面的工資，還說「你們大老遠的從台灣來，承受難過的高原反應，是為

我的同胞做好事，我們應該謝謝你們才對。」他退休後加入醫療計畫的當地訪視工作，因為他能說漢語和藏語，扮演著計畫執行與個案訪視的主要角色。

「馬背上醫生」培訓基層醫療人員的計畫，在理塘縣衛生局李局長、王局長和進修學校各位同仁、長青春柯爾寺的香根活佛和曲批活佛、鄧珠、紀錄片製作的導演坑坑和林楚安小姐，及台北方面眾多善心人士的大力幫助下進展了十多年，培訓了含當地共同參與的三百二十六位鄉村醫生，為牧民的健康及藏區「缺醫少藥」的情況，提供了重大的助益。

然而事情永遠不是一路順利毫無挫折。在理塘縣百分之五十的村醫流失，工作人員的低潮與爭執，朋友對一去再去的地點失去興趣，支持者以沉默面對困難，偶發的政治事件等等，加上高原上危險重重，可預期的高山反應、漫長的塞車、土石流的威脅、暴雨的侵襲、接近西天的失溫、長途顛簸的路途、前空翻式的摔馬、懸崖邊的馬路、刺骨寒風的稜線，在在都消磨著計畫的執行與人員的心志，隨時都有半途而廢，橫下心來放棄不做的準備與可能。

可是一想到每年五月時分，心中那份不捨青藏高原一草一物的悸動，繁星點點的夜空，美麗的風土人情，工作人員的溫馨，加上心底的那句「有夢最美，

进修校第十二期乡村医生培训开学典礼

美夢成真，築夢踏實，心想事成。」成為來自高原最深沉、誠摯的呼喚。

有時候在夜闌人靜，午夜夢迴的時候，想起與父母家人的相聚，與父親的手在手術當中互相碰觸的剎那，幫學生在學校縫合玻璃割傷的傷口，教住院醫師要如何照顧病人，教總醫師要如何下手術檯，避免造成無謂的併發症，聽著病人訴說病痛，最後幫他解決……等等那些讓人會心一笑的事，我相信，深深的相信，人一輩子一定可以選擇去做以後想起來會笑的事，而且不止一件。

有人說，能去做一件事情是快樂的，能不去做什麼事是幸福的。或許去做「馬背上醫生」醫療計畫是快樂的，而想起那些曾經做過的事情會偷偷的笑，則是幸福的。

彩虹彼端

時間是無止盡的河流
在這裡
留下短暫的片段
空間是無邊際的蒼穹
在此時
我們曾在這裡駐足
最是那
回首凝眸的剎那
隨著心裡的悸動
飄向那
彩虹將盡的彼端

遇見可西里

「喂，我們還在災區，至少會留一個人在這裡，六月底的村醫複訓上課？嗯嗯，還是暫定舉行，到時候再說吧……」

二〇一〇年，正當青海玉樹大地震過後數週，和扎西多杰（扎多）打過電話之後，「馬背上醫生」在青海培訓鄉村醫生的計畫，按照一年前原訂計畫進行了。認識哈希，扎西多杰是在二〇〇九年的九月，可是更了解他是看了劉鑒強先生的《天珠，藏人傳奇》，知道他的老師索南達傑則是來自於報導保護藏羚羊紀錄片電影「可可西里」的平面廣告。一直到跟扎多從西寧走青藏公路，經柴達木盆地到可可西里靠近青藏公路索南達傑紀念碑時，才將兩個人的關係和可可西里拉在一起。

「青藏公路猶如一匹墨緞，筆直的鋪在翠綠的絲絨上。……遠處羊隻點點，靜悄悄得像冒出草中的一顆顆蘑菇。天藍得純淨透明，一球球羽毛浮雲浮游在低空，近得可以伸手採擷……」

不敢也不能為陳若曦女士《青藏高原的誘惑》書中的描述加上任何字眼或注解，只能隨著優美的字句，倘佯在如夢似畫的真實世界裡。那是一九九三年我們第一次經青藏公路到拉薩，沿途所感受到青藏高原的魅力。青藏線可說是進

入西藏最美的一條路線，那時候沒有索南達傑紀念碑也沒有青藏鐵路，大概是一般的旅客行程，所以也沒看到藏羚羊。

「馬背上醫生」基層醫療計畫自一九九五年探路開始，就幾乎沒有機會走青藏線，因為川藏線和滇藏線雖然危險，卻節省往返時間。

「我們很謝謝你們來幫助牧民，如果願意的話，請再向我們申請。」甘孜州的衛生局高層表達他的謝意與善意，那是我們與官方的最後一次會面，也是他們展現出做好基層醫療計畫的決心與時機。

因為避免支援經費的重複和其他牧區仍有缺醫少藥的窘境，剛好是因緣際會，我們與同樣是藏族，也為青海省「三江源生態保護協會」負責綠色環保，與野犛牛、藏羚羊等野生動物保護工作的哈希，扎多，共同適時的提出合作計畫，鞏固已經訓練出來的村級鄉村醫生之學習能力，並召集已結業的村級鄉村醫生回來接受複訓，提供在職進修的機會，以「綠色醫療」為「馬背上醫生」醫療計畫的延伸，培訓鄉村醫生的綠色環保觀念，重視高原上醫療廢棄物的處置與回收。

「玉樹那裡的源頭，都可以看到很多垃圾……。我們看過小孩子拿著一次性注射筒裝羊奶喝呢！」也是三江源生態保護協會志工的歐要，在海拔四千五百公尺高的曲麻萊鄉告訴我們。

再度走西寧經青海湖、柴達木盆地、格爾木到崑崙山，這條路已經走了十幾年了，沒想到路過索南達傑紀念碑的時候，才發現怎麼去年原來比路面高兩公尺的紀念碑，如今竟然比路面低了兩公尺！一問之下，才知道因為青藏高原屬於凍土層，一到開春，凍土融化就會造成路面斷裂，這也是青藏鐵路為什麼要花幾十年時間才能建成的原因。

這次複訓玉樹藏族自治州曲瑪萊縣曲麻萊鄉的鄉村醫生，雖說籌備計畫時受到玉樹縣大地震的影響，卻能準時舉行，倒是有點出乎意料之外。培訓中有兩位喇嘛來參加，大喇嘛約莫六十歲，而小喇嘛說是十五歲，但是看起來一點都不像，倒像是六、七歲的小孩。兩位都來自海拔四千八百公尺曲麻萊鄉的智然寺，而這個高度除了登山者或修行者外，是地球上人類自然居住的最高極限。

「你看著唷，針要這樣子夾，要這樣進去，這樣出來……」慈眉善目的大喇嘛一邊現學現賣的告訴略為頑皮的小喇嘛：「不要夾住針頭，這樣子針就不利

了。」在我教這些學員如何縫合摔馬或是車禍的大傷口時，大喇嘛和小喇嘛的互動，彷彿讓我看到以往父親教我的種種畫面。

「你是怎麼選到江措的？」我很好奇的問大喇嘛。他叫西力佳日，還不是智然寺的住持，但卻學識豐富。本來以為他是否也像許多台灣的婦女一樣，在小孩子滿週歲開始喜歡抓東西的「抓週」過程，讓這小孩子去抓他想要的東西，而這種類似抓週的舉動，就是「轉世活佛」的重大意義吧。

「沒有，因為江措他家是牧民，希望小孩能多學習，長大後再回來幫助牧民。在那麼高的地方，實在沒有學校讓他念書，只好讓他在寺廟裡學習。」

佳日因為怕讓其他人知道，偷偷的告訴我說：「他沒有初訓的經歷，請你盡量教，不懂的我再慢慢跟他說。」望著他刻劃著滿臉風霜的臉龐，智慧的皺紋有著仁心的眼神，彷彿希望我不要揭穿這小喇嘛的身分。

他們與一般藏族喇嘛不太一樣的是，他們是吃素的，而靠近西藏地區的喇嘛則是吃犛牛肉。我很好心的問：「你們在這麼高的地方只吃素，小孩子能長高長大嗎？」也順便告訴他請他放心，我們會一視同仁的，他則笑笑的點一點

頭，不說什麼話。

由於大喇嘛接受過初訓，因此對一般的常識還算了解，尤其對於中醫的針灸很有興趣。為了教他們確實分類並回收醫療廢棄物，避免汙染三江源地區的水源源頭，我還特別帶了示範性的醫療用品，包括了耳針，耳磁珠及西醫針筒等等。結果在教完耳針的使用要回收針具的時候，大喇嘛指指左邊耳朵。我一時沒弄清楚，要他交出針具放到應該放的回收筒，他還是指著左耳。仔細一看，原來他竟然扎在耳垂，說那個地方有個耳洞可以放針頭，還一邊翻給我看，一邊問我這樣子對不對。我想當時我只能回他個驚訝的表情吧。

其實，大小喇嘛一起學習的時候，也不一定都是大喇嘛才做得好，有時候還得靠小喇嘛的幫忙。例如，外科縫合傷口的時候，需要將針線穿過針眼，大喇嘛一看到這種場合，毫不猶疑的馬上將針線交給小喇嘛，而小喇嘛也很爭氣的不到五秒鐘就將線穿過針眼了，這種互補的情況在這次複訓當中屢見不鮮。

到了第三天的時候，小喇嘛也熟悉我們一對一個人化的教學，我則戲稱這是「密宗」式的教學。有一次課程題目是學習傷口包紮，遠遠的我看到他拿著繃帶繞著大喇嘛的左手肩膀，就這樣子一圈一圈的，將他像綁繩子一樣綁住大喇

嘛，而大喇嘛則笑得合不攏嘴。我發現，或許這段培訓時間是他們倆相處得最開心的時候。

結訓之後的一個夜晚，一個穿著紅袍的大大身影出現在走廊的盡頭，右手牽著小小身形高舉的左手。可能是關節痛之故，大大的身影走得有點步履蹣跚。我不禁想起與父親握過手的情況，依稀間，我也看到一個新的「醫生蛋」的誕生，這是因為有這麼一個好的長者帶著他，而他也會牽著老喇嘛的手，陪他圓寂在智然寺這個人類自然生活的極限高度。

不管小喇嘛以後會不會留在智然寺，我相信他有一天會像小鈴鐺一樣，到拉薩去尋找他心目中的最高理想，將這道來自台灣、來自理塘的美麗彩虹，以完美的弧度，傳給青藏高原上的每一個牧民。

致謝

甘孜州衛生局、理塘、巴塘、雅江、鄉城、稻城、得榮縣衛生局局長與局裡工作人員。李代昌局長、王豫玲局長、謝蓉、康長青、桑多、向巴、地伯、馬海。

計畫創始人：王志宏。

蒙藏委員會。

計畫創始贊助：台灣蓮門學會。

計畫工作人員與協助朋友：鄧珠、賈斯左（坑坑）、林楚安、郭莉臻、蔡碧珠、肖斌、伍萍、羅勇、張帆、李旭。

中華藏友會理事長：辛智秀、陳鶴松。

中華藏友會工作人員：施啟智、謝佳勳、黎美蓮、劉正勝、魏淑貞、洪美惠、李淑娟、楊慰芬、李志勳、葉淑芬、林臣英、戴敏雪、吳昭榕、汪佩、胡瑞、呂淑媛、張國富、王文茜、梁玉芳、辛麗津、王慧如、劉縈燕、陳怡卉、姜靜紅、陳翠英。

陽明大學公衛所周碧瑟教授：問卷的設計與分析。

陽明大學傳統醫藥研究所碩士：呂盈葦。

台北榮總一般外科：戴玲真。

辛智秀朋友：英華會全體。

網站設計與維護：廖先生、趙誠信。

各界捐款善心人士。

挖蟲草的女孩

作　　者：邱仁輝
攝　　影：邱仁輝
總 編 輯：李菁菁
資深編輯：鄭椀予
行銷企畫：廖淑鈴
封面設計：陳其煇
美術編輯：黃正仁

挖蟲草的女孩 / 邱仁輝 文字・攝影 --初版
台北縣中和市：策馬入林文化，2010.10
面；公分
ISBN:978-986-86167-4-5（平裝）
1.人文景觀 2.醫療計畫 3.西藏

發 行 人：胡明威
社　　長：李菁菁
出 版 者：策馬入林文化事業有限公司
地　　址：台北縣中和市建康路150號3樓
電　　話：02-22263179
傳　　真：02-22260198
電子信箱：advancing100@gmail.com
初版一刷：2010年10月
定　　價：新台幣350元
總 經 銷：西北國際文化有限公司
地　　址：台北縣土城市民族街11號3樓
電　　話：886-2-2269-6367
傳　　真：886-2-2269-6408
電子信箱：service@168books.com.tw
香港總經銷：和平圖書有限公司
地　　址：香港柴灣嘉業街12號百樂門大廈17樓
電　　話：852-2804-6687
傳　　真：852-2804-6409
星馬地區總代理：諾文文化事業私人有限公司
新 加 坡：Novum Organum Publishing House Pte Ltd. 20.Old Toh Tuck Road, Singapore 597655.
TEL：65-6462-6141　FAX：65-6469-4043
馬來西亞：Novum Organum Publishing House（M）Sdn. Bhd. No.8,Jalan 7/118B,Desa Tun Razak,56000 Kuala Lumpur,Malaysia
TEL：603-9179-6333　FAX：603-9179-6060

ISBN：978-986-86167-4-5
版權所有・翻印必究
【本書已授權北京日知圖書有限公司發行簡體中文版】